생활 속의 참선수행 Practice In Daily Life 1

To Discover Your True Self, "I" Must Die

죽어야 나를 보리라

죽어야 나를 보리라
대행큰스님 법문
생활 속의 참선수행 1 / 한영합본

발행일	2022년 5월 5판1쇄
영문번역	한마음국제문화원
표지디자인	박수연
편집	한마음국제문화원
발행	한마음출판사
출판등록	384-2000-000010
전화	031-470-3175
팩스	031-470-3209
이메일	onemind@hanmaum.org

ⓒ 2022(재)한마음선원
본 출판물은 저작권법에 의하여 보호를 받는 저작물이므로
무단 복제와 무단 전재를 할 수 없습니다.

To Discover Your True Self, "I" Must Die

Practice in Daily Life 1 / Bilingual, Korean · English
Dharma Talks by Seon Master Daehaeng

First Edition, First Printing: April 2000
Fifth Edition: May 2022
English Translation by
Hanmaum International Culture Institute
Edited by Hanmaum International Culture Institute
Cover Design by Su Yeon Park
Published by Hanmaum Publications
www.hanmaumbooks.org

© 2022 Hanmaum Seonwon Foundation
All rights reserved, including the right to reproduce
this work in any form.

Printed in the Republic of Korea

ISBN 978-89-91857-62-9 (04220)
ISBN 978-89-91857-50-6 (set)

To Discover Your True Self, "I" Must Die

Seon Master Daehaeng

죽어야 나를 보리라

대행큰스님 법문

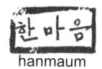

차 례

10   머리글

12   대행큰스님에 대하여

26   죽어야 나를 보리라

CONTENTS

11 Foreword

13 About Daehaeng Kun Sunim

27 To Discover Your True Self, "I" Must Die

눈이 눈이 우주에 가득 차
두루 밝아 밝아 또 밝아
모든 중생
한자리 한자리
한마음 한마음
한몸 한몸
만물이 함께
고에서 벗어나 벗어나
자유인이 되게 하옵소서

『대행스님의 뜻으로 푼 천수경』 중에서

*May the bright eye of wisdom
fill the universe with light
shining brightly, illuminating all.
May all beings
become one, become one
one with all Buddhas
one mind, one mind
one body, one body.
May all beings escape together
escape from suffering and become free.*

> from **A Thousand Hands of Compassion**
> by Daehaeng Kun Sunim

머리글

대행큰스님이 지난 50여 년 동안 끊임없이 중생들에게 베풀어 주신 수많은 법문이 있었지만, 핵심을 짚어 내는 하나의 단어가 있다면, 그건 아마도 "참나"일 것입니다. 항상 나와 함께 있어서 보지 못하는 내 안의 진짜 나, 그 "참나"를 발견하여 당당하고 싱그럽게 살아가기를 바라는, 중생을 위한 스님의 간절한 바람은 이 한 편의 법문 속에도 여지없이 드러나 있습니다.

누구에게나 내면에는 만물만생을 다 먹여 살리고도 되남는 마음속 한 점의 불씨가 있습니다. 그 영원한 불씨를 찾아 광대무변한 마음법의 이치를 체득하여, 진정한 자유인으로서, 우주의 한 일원으로서 당당히 그 역할을 해나가길 바라는 대행큰스님의 간곡한 뜻이 이 법문을 통해 여러분 모두의 마음에 전해지길 바랍니다.

한마음국제문화원 일동 합장

Foreword

Over the last fifty years, Daehaeng Kun Sunim gave countless Dharma talks and teachings to beings without number, but if all those talks could be summed up into one word, it would be "true self."

This true essence has always been with us, yet remains unseen. Discover it for yourself, and in doing so, learn to live with courage, dignity, and joy. That all beings should awaken to this true essence is Daehaeng Kun Sunim's deepest wish. When you've tasted the most refreshing spring water imaginable, you naturally want to share it with others.

Within us all is this seed, this spark that feeds and sustains each and every being. Discover this eternal spark and realize its profound and unlimited ability. If you can do this, you'll know what it means to truly be a free person, and you can fulfill the great role that is yours as a member of the whole universe.

With palms together,
The Hanmaum International Culture Institute

대행큰스님에 대하여

대행큰스님께서는 여러 면에서 매우 보기 드문 선사(禪師)셨다. 무엇보다 선사라면 당연히 비구 스님을 떠올리는 전통 속에서 여성으로서 선사가 되셨으며, 비구 스님들을 제자로 두었던 유일한 비구니 스님이셨고, 노년층 여성이 주된 신도계층을 이루었던 한국 불교에 젊은 세대의 청장년층 남녀들을 대거 참여하게 만들어 한국불교에 새로운 풍격(風格)을 일으키는 데 일조한 큰 스승이셨다. 또한 전통 비구니 강원과 비구니 종단에 대한 지속적인 지원을 펼치심으로써 비구니 승단을 발전시키는데 중추적인 역할을 하셨다.

큰스님께서는 어느 누구나 마음수행을 통해 깨달을 수 있음을 강조하시면서 삭발제자와 유발제자를 가리지 않고 법을 구하는 이들에게는 모두 똑같이 가르침을 주셨다.

About Daehaeng Kun Sunim

Daehaeng *Kun Sunim*[1] (1927 – 2012) was a rare teacher in Korea: a female *Seon*(Zen)[2] master, a nun whose students also included monks, and a teacher who helped revitalize Korean Buddhism by dramatically increasing the participation of young people and men.

She broke out of traditional models of spiritual practice to teach in such a way that allowed anyone to practice and awaken, making laypeople a particular focus of her efforts. At

---

1. Sunim / Kun Sunim: Sunim is the respectful title of address for a Buddhist monk or nun in Korea, and Kun Sunim is the title given to outstanding nuns or monks.

2. Seon(禪)(Chan, Zen)**:** Seon describes the unshakeable state where one has firm faith in their inherent foundation, their Buddha-nature, and so returns everything they encounter back to this fundamental mind. It also means letting go of "I," "me," and "mine" throughout one's daily life.

스님은 1927년 서울에서 태어나 일찍이 9세경에 자성을 밝히셨고 당신이 증득(證得)하신 바를 완성하기 위해 오랫동안 산중에서 수행하셨다. 훗날, 누더기가 다 된 해진 옷을 걸치고 손에 주어지는 것만을 먹으며 지냈던 그 당시를 회상하며 스님은 의도적으로 고행을 하고자 했던 것이 아니라 당신에게 주어진 환경이 그러했노라고, 또한 근본 불성자리에 일체를 맡기고 그 맡긴 일이 어떻게 작용하는지를 관하는 일에 완전히 몰두하고 있었기에 다른 것에는 신경을 쓸 틈이 없었노라고 말씀하셨다.

그 시절의 체험이 스님의 가르치는 방식을 형성하는 데 깊은 영향을 미쳤다. 스님은 우리가 본래부터 어마어마한 잠재력을, 무궁무진한 에너지와 지혜를 가지고 있는데도 대부분이 그 역량을 알지 못해 끊임없이 많은 고통을 겪으며 살고 있음을 절실히 느끼며 안타까워하셨다. 우리들 각자 안에 존재하는 이 위대한 빛을 명백히 알고 있었기에, 스님은 본래부터 가지고 있는 근본자성(自性)인 '참나'를 믿고 의지해 살라 가르치셨고, 이 중요한 진리에서 벗어나는 그 어떤 것도 가르치기를 단호히 거부하셨다.

the same time, she was a major force for the advancement of *Bhikkunis*,[3] heavily supporting traditional nuns' colleges as well as the modern Bhikkuni Council of Korea.

Born in Seoul, Korea, she awakened when she was around eight years old and spent the years that followed learning to put her understanding into practice. For years, she wandered the mountains of Korea, wearing ragged clothes and eating only what was at hand. Later, she explained that she hadn't been pursuing some type of asceticism; rather, she was just completely absorbed in entrusting everything to her fundamental *Buddha*[4] essence and observing how that affected her life.

---

3. Bhikkunis: Female sunims who are fully ordained are called *Bhikkuni* (比丘尼) sunims, while male sunims who are fully ordained are called *Bhikku* (比丘) sunims. This can also be a polite way of indicating male or female sunims.

4. Buddha: In this text, "Buddha" is capitalized out of respect, because it represents the essence and function of the enlightened mind. "The Buddha" always refers to Shakyamuni Buddha.

의도한 바는 아니셨지만, 스님은 매일매일의 일상 속에서 누구나 내면에 갖추어 가지고 있는 근본이자 진수(眞髓)인 참나와 진정으로 통할 수 있게 되었을 때 어떠한 일이 일어나는지를 역력히 보여 주셨다. 사람들은 스님 곁에 있을 때 자신들을 무한히 받아 주고 품어 주는 것만 같은, 말로 형언키 어려운 정밀(靜謐)한 기운을 느꼈고, 스님이 다른 사람들을 도와줄 때 드러내 보이는 깊은 법력 또한 목도하곤 하였다. 하지만 이 모든 일들은 당신 자신을 돋보이게 하거나 과시하려 했던 게 아니었다. 사실 스님께서는 당신의 법력을 늘 감추려고 하셨다. 마음공부의 목적이 놀라운 능력을 갖게 되는 것이 아님에도 대중들이 그것에만 집착하게 되는 폐단을 우려하셨기 때문이었다.

그렇지만 당신이 하신 모든 일을 통해, 우리가 내면에 있는 근본과 진정으로 하나가 되었을 때 그 능력과 자유로움이 어떤 것인지를 보여주셨다. 스님은 우리 모두가 근본을 통해 연결되어 있으므로 다 통할 수 있고, 그럼으로써 서로 깊이 이해할 수 있다는 것을 보여 주셨으며, 더 나아가 우리가 근본

Those years profoundly shaped Kun Sunim's later teaching style; she intimately knew the great potential, energy, and wisdom inherent within each of us, and recognized that most of the people she encountered suffered because they didn't realize this about themselves. Seeing clearly the great light in every individual, she taught people to rely upon this inherent foundation, and refused to teach anything that distracted from this most important truth.

Without any particular intention to do so, Daehaeng Kun Sunim demonstrated on a daily basis the freedom and ability that arise when we truly connect with this fundamental essence inherent within us.

The sense of acceptance and connection people felt from being around her, as well as the abilities she manifested, weren't things she was trying to show off. In fact, she usually tried to hide them because people would tend to cling to these, without realizing that chasing after them cannot lead to either freedom or awakening.

자리에서 일으키는 한생각이 이 세상에 법이 되어 돌아갈 수 있다는 것도 보여 주셨다.

어떤 의미에서는 이 모든 일이 우리가 만물만생과 정말로 하나가 되었을 때 자연스레 부수적으로 나오는 것이라고 할 수 있다. 상대를 둘로 보거나 방해물로 여기는 마음이 사라졌을 때, 진정으로 모두와 조화롭게 흘러갈 수 있게 되었을 때 이 모든 일이 가능할 수 있게 되는 것이다. 이렇게 되면, 다가오는 상대가 누구든 별개의 존재로 느끼지 않게 된다. 그들이 또 다른 우리 자신들의 모습이기 때문이다. 일체가 둘이 아님을 뼛속 깊이 느끼는 사람이, 어찌 자신 앞에 닥친 인연을 나 몰라라 하고 등져 버릴 수 있겠는가?

스님은 중생들이 가지고 오는 어려운 문제나 상황들을 해결할 수 있도록 도와주셨으며, 이러한 스님의 자비로운 원력은 당신이 도시로 나와 본격적으로 대중들을 가르치기 이전에 이미 한국에서는 전설이 되어 있었다. 1950년대 말경, 치악산 상원사 근처 한 움막에서 수행차 몇 년간 머무르신 적이 있었는데, 그 소문을 듣고 전국에서 찾아오는 사람

Nonetheless, in her very life, in everything she did, she was an example of the true freedom and wisdom that arise from this very basic, fundamental essence that we all have – that we are. She showed that because we are all interconnected, we can deeply understand what's going on with others, and that the intentions we give rise to can manifest and function in the world.

All of these are, in a sense, side effects, things that arise naturally when we are truly one with everyone and everything around us. They happen because we are able to flow in harmony with our world, with no dualistic views or attachments to get in the way. At this point, other beings are not cut off from us; they are another aspect of ourselves. Who, feeling this to their very bones, could turn their back on others?

It was this deep compassion that made her a legend in Korea long before she formally started teaching. She was known for having the spiritual power to help people in all circumstances and with every kind of problem. She compared compassion to freeing a fish from a drying

들이 끊이질 않았다. 차마 그들의 고통스러운 호소를 내칠 수가 없었던 스님은 일일이 그들의 말에 귀 기울이며 마음을 다해 그들을 도와주셨다. 스님은 자비를 물 마른 웅덩이에서 죽어 가는 물고기를 살리는 방생에 비유하셨다. 집세가 없어 셋집에서 쫓겨난 사람들에게 집을 마련해 주고, 학비가 없어서 학교를 마칠 수 없는 학생들에게 학비를 대주셨지만, 스님의 자비행(慈悲行)을 아는 사람은 손에 꼽을 정도밖에 되지 않았다.

그러나 문제를 해결해 주면 그때뿐 또 다른 문제가 닥쳐오면 속수무책이 되어 버리고 마는 사람들을 보며, 스님께서는 중생들이 자신의 문제를 스스로 해결하고 **윤회(輪廻)**[1]의 굴레에서 벗어나 자유인이 될 수 있는 도리를 가르치는 일이 더 시급함을 느끼셨다. 누구나가 다 가지고 있는 '참나', 이 내면의 밝디밝은 진수(眞髓)를 알게 하여, 자신들이

---

1. 윤회(輪廻): 산스크리트의 삼사라(samsara)를 번역한 말로 쉼 없이 돈다는 생사의 바퀴를 뜻함. 다시 말해, 수레바퀴가 끊임없이 구르는 것과 같이, 중생이 번뇌와 업에 의하여 삼계(三界: 색계, 욕계, 무색계) 육도(六道: 지옥, 아귀, 축생, 아수라, 인간, 천상)라는 생사의 세계를 그치지 않고 돌고 도는 현상을 일컬음.

puddle, putting a homeless family into a home, or providing the school fees that would allow a student to finish high school. And when she did things like this, and more, few knew that she was behind it.

Her compassion was also unconditional. She would offer what help she could to individuals and organizations, whether they be Christian or Buddhist, a private organization or governmental. She would help nuns' temples that had no relationship with her temple, Christian organizations that looked after children living on their own, city-run projects to help care for the elderly, and much, much more. Yet, even when she provided material support, always there was the deep, unseen aid she offered through this connection we all share.

However, she saw that ultimately, for people to live freely and go forward in the world as a blessing to all around them, they needed to know about this bright essence that is within each of us.

자유롭게 사는 것은 물론이요, 자신들의 삶이 인연 맺은 모든 이에게 축복이 되어 이 한세상을 활달히 살아갈 수 있도록 해야겠다고 다짐하셨다.

마침내 산에서 내려온 스님께서는 1972년 경기도 안양에 한마음선원을 설립하셨다. 이후 40여 년 동안 한마음선원에 주석하시며, 지혜를 원하는 자에게 지혜를, 배고프고 가난한 자에게는 먹을 것과 물질을, 아파하는 자에게는 치유의 방편을 내어주시는 무한량의 자비를 베푸시며 불법의 진리를 가르쳐 주셨다. 스님은 도움이 필요한 다양한 사회복지 프로그램을 후원하셨고, 6개국에 10개의 국외 지원과 국내 15개의 지원을 세우셨다. 또한 스님의 가르침은 영어, 독어, 스페인어, 러시아어, 중국어, 일본어, 불어, 이태리어, 베트남어, 체코어, 인도네시아어 등으로 번역 출간되었다. 스님은 2012년 5월 22일 0시, 세납 86세로 입적하셨으며, 법랍 63세셨다.

To help people discover this for themselves, she founded the first *Hanmaum*[5] Seon Center in 1972. For the next forty years she gave wisdom to those who needed wisdom, food and money to those who were poor and hungry, and compassion to those who were hurting.

---

5. Hanmaum[han-ma-um]: *Han* means one, great, and combined, while *maum* means mind, as well as heart, and together they mean everything combined and connected as one.

What is called *Hanmaum* is intangible, unseen, and transcends time and space. It has no beginning or end, and is sometimes called our fundamental mind. It also means the mind of all beings and everything in the universe connected and working together as one. In English, we usually translate this as *one mind*.

본 저서는 대행큰스님의 법문을
한국어와 영어 합본 시리즈로 출간하는
〈생활 속의 참선수행〉시리즈 제1권으로
1989년 7월 16일 정기법회 때 설하신 내용을
재편집한 것입니다.

This Dharma talk was given by
Daehaeng Kun Sunim on Sunday, July 16, 1989.
This is Volume 1 in the ongoing series,
Practice in Daily Life.

Daehaeng Kun Sunim founded ten overseas branches of Hanmaum Seon Center, and her teachings have been translated into twelve different languages to date: English, German, Russian, Chinese, French, Spanish, Indonesian, Italian, Japanese, Vietnamese, Estonian, and Czech, in addition to the original Korean. For more information about these or the overseas centers, please see the back of this book.

죽어야 "나"를 보리라

1989년 7월 16일

세상 모든 것은 항상 같이 돌아가지만 그런 가운데에도 분명히 너 나가 있듯이, 진리의 길을 탐구하고자 하는 여러분의 마음 하나하나가 이렇게 모여 함께 한자리를 하고 있으니 감사할 따름입니다. 이처럼 같은 뜻을 가지고 한자리를 하고 앉았을 때는 여러분과 저와 모든 일체가 다 **도반(道伴)**[2]입니다.

부처님이 최초로 설하신 뜻

우리는 오늘, 석가모니 부처님이 '천상천하(天上天下) 유아독존(唯我獨尊)'이라 하신 그 뜻을, 또 사방을 둘러보시고 일곱 걸음을 떼신 그 뜻을 도반으로서 같이 공부해 볼 겁니다.

---

2. **도반**(道伴): 함께 도(道)를 닦는 벗.

To Discover Your True Self, "I" Must Die

July 16, 1989

Everything in this world is always functioning together as one, but at the same time, we also exist as distinct individuals. Each of you has your own unique perspectives and views, but you have all gathered here together to explore the path of truth, of how things really are. Thank you for this. Gathered here together, we are all fellow practitioners and travelers on the path.

The Meaning of Shakyamuni Buddha's First Words

Today let's begin by looking at what Shakyamuni Buddha said and did when he was born into this world. His first words were, "Throughout the heavens and the earth, there is nothing that is not this precious true self." Then he looked in all directions and took seven steps.

잘 생각해 보면 그때부터 우리가 알고 있는 지금의 불교가 이루어졌고, 더불어 사람들이 자신의 근본마음을 발견하기 위해 길을 인도받고 공부하기 시작한 큰 계기가 된 것이기도 하죠.

평상시 제가 항상 여러분들한테 말씀드리는 게 있어요. 삼라대천세계의 근본, 아니, 요새 말로 우주 천지의 근본이 여러분들의 **마음**[3]과 직결돼 있다는 거요. 그래서 세상 살림의 근본이 여러분들의 근본과 직결돼 있어서 그 돌아가는 게 여러분 마음먹기에 달려 있다는 거요.

그렇다면 '천상천하 유아독존'이라고 한 그 뜻이 무엇인지 한번 깊이 생각해 보십시오. 만물만생은 내가 이 세상에 나오기 이전부터 근본을 통해 서로 직결돼 있습니다.

---

3. 마음(心): 단순히 두뇌를 통한 정신활동이나 지성을 일컫는 말이 아니라, 만물만생이 지니고 있으며, 일체 만법을 움직이게 하는 천지의 근본을 뜻함. '안에 있다, 밖에 있다.' 혹은, '이거다 저거다'라고 말할 수 없으며 시작과 끝이 없고 사라질 수도 파괴될 수도 없음. 시공을 초월하여 존재함.

That moment was the start of Buddhism as we know it, as well as the catalyst for discovering our fundamental, true self.

Now consider something I've said before, "The foundation of everything in the *universe*[6] is directly connected to your foundation." This is also why your *mind*[7] is so important. Because the foundation of every single thing you encounter in your daily life is directly connected to your foundation, the thoughts that you input will affect the functioning of all of that.

With this in mind, think about the meaning of, "Throughout the heavens and the earth, there is nothing that is not this precious true self." The Buddha was telling us that all beings and all things in the universe are directly connected to each other through this foundation even before they were born into this world.

---

6. Universe: This includes all visible realms, as well as all unseen realms.

7. Mind(心) (Kor. – maum)**:** In Mahayana Buddhism, "mind" refers to what is called the fundamental mind, and almost never means the brain or intellect. It is intangible, beyond space and time, and has no beginning or end. It is the source of everything, and everyone is endowed with it.

그러니 당연히 내가 이 세상에 나오면 우주천지의 근본과 내 마음의 근본이 직결돼 있는 거고, 세상의 모든 것들은 내 마음의 근본과 연결되어 같이 돌아가고 있는 것입니다. 그래서 내 근본을 깨우쳤을 때는 내 몸안에 들은 중생들뿐만 아니라, 더불어 직결돼 있는 외부의 모든 중생들도 같이 제도할 수 있게 되는 겁니다.

나는 많이 배운 사람도 아니고 학식과 지식이 풍부하지도 않습니다만, 내가 생각할 때는 그렇습니다. 제 이야기에 이의가 있으신 분들은 조금 이따가 질문해 주시면 감사하겠습니다.

이야기를 이어서 해보죠. 석가모니 부처님께서 사방을 둘러보고 일곱 발자국을 떼셨다고 하는데, 사방을 둘러보셨다 함은 아마도 모든 것이 무공무색(無空無色)이라 같이 하나로 돌아가고 있음을 비유한 게 아닌가 싶습니다.

So, as a matter of course, when you were born into this world, your foundation was already directly connected to the foundation of the universe, with everything in the world already connected to and functioning together with your foundation. So, if you awaken to this foundation, then because of this connection you can save all of the lives within your body, as well as all of the lives outside your body.

I never had much education, and what I know, I know through my own experiences, and not the scholarly terms or theories, so you may have some questions. Hold onto those and we'll make time to discuss them at the end of the talk.

Now let's consider the meaning of Shakyamuni Buddha looking in all directions and taking seven steps. Looking around in all directions means there are no separately existing states of *form*,[8] nor

---

8. Form : In Korean, the Sino-Korean character for form (色) also includes things like emotions, evaluations, and views. It can be described as the material world and the experiences, emotions, and thoughts arising from the interactions taking place within it.

또, 일곱 발자국을 떼신 것은 찰나찰나 화하면서도 그 속에 너와 내가 있으며, 그런 **여여(如如)**[4]한 찰나의 생활이 그대로 진리의 길임을 말없이 말씀해 주신 게 아닌가 싶습니다.

이런 건 꼭 말을 해야 아는 게 아니라 마음으로 알아지는 건데 여러분들에게 설명을 하자니 이렇게밖에는 안 되네요. 기본적으로 이 공부는 학식이나, 지식, 권세, 그 어떠한 이름이나 이론으로 되는 게 절대 아닙니다. 이 공부는 역대로, 오로지 '인간은 어디서부터 이렇게 왔고, 어디를 향해 지금 여여하게 걷고 있나?' 하는 것을 스스로 성찰하며 지혜롭게 탐구하고 가야 알 수 있는 겁니다.

---

4. 여여(如如): 만물만생이 평등하고 차별 없이, 어디에도 머물지 않고 끊임없이 흘러 돌아가고 있는 그대로의 모습. 일체가 고정됨이 없이 돌아가는 진실의 모습을 말하며, 이러한 진리의 흐름에 부합하는 삶을 살아가는 것을 여여한 삶이라 함.

of *emptiness*,[9] and thus everything is functioning together as one whole.

Finally, with his taking seven steps he was showing that even in the midst of this flowing oneness, you and I exist as distinct beings, and that every single instant of our daily life is complete as it is. Further, there within every instant is also the path of knowing the truth.

The Buddha taught us this without using words, because it's not just through words that you can learn this. This can be learned through mind, but some people still need words, so I'm attempting to explain things enough for you to proceed on your own. But the essence of this spiritual practice, relying upon and discovering your *fundamental*

---

9. Emptiness: Emptiness is not a void, but rather refers to the ceaseless flowing of all things. Everything is flowing as one whole, so there is nothing that can be separated out and set aside as if it existed independently of everything else. There is, therefore, no "me" that exists apart from other people or other things. There is only the interpenetrated and interdependent whole, "empty" of any independent or separate selves or objects.

그런데 명심해야 할 것이, 우리가 지수화풍에서 나와 지수화풍 속에서 살면서 지수화풍을 먹고 산다는 사실을 외면하지 말고 그 점을 항상 고맙게 생각해야 한다는 겁니다. 지수화풍에서 생명이 생겼고, 그 생명으로부터 진화가 되어 무정물, 유정물 이렇게 모든 걸 이루고 삽니다.

모두가 거기서 사라졌다 거기서 다시 뜨고 하는 그 과정에서 우리의 인생이란, 바람이 너무 세면 쉽게 이지러지고 바람을 막아주면 잠시는 괜찮겠지만 결국엔 떨어지고 마는 허공에 뜬 꽃잎과 같습니다.

mind,[10] isn't something that can be done through scholarship, intellectual knowledge, influence, titles, or theories.

Generation after generation of practitioners have awakened to truth only through wise, inward investigation of fundamental questions, such as where we came from, where we are going, and how we should live.

While practicing, there's something you shouldn't forget: We consist of earth, water, fire, and air, and live in the midst of these elements and sustain ourselves by eating them. You should always be thankful for those elements, because they gave rise to life, and through them every kind of being has been able to evolve to their current forms.

Everything returns to those elements, and then arises from them as something new. Our lives,

---

10. Fundamental Mind: This refers to our inherent essence, that which we fundamentally are. "Mind," in Mahayana Buddhism, almost never means the brain or intellect. Instead it refers to the essence, through which we are connected to everything, everywhere. It is intangible, beyond space and time, and has no beginning or end. It is the source of everything, and everyone is endowed with it. "Fundamental mind" is interchangeable with other terms such as "Buddha-nature," "True nature," "True self," and "Foundation."

그래서 이 허공의 꽃잎과 같은, 이 뜬구름과 같은 환상천(幻想天)을 우리 모두가 넘어서지 않으면 안 되겠기에 이렇게 여러분들과 더불어 한자리를 하고 있는 것이죠.

하지만 우리의 인생이란 게 이렇게 허공에 뜬 꽃잎과 같다고는 하나, 우리 인간의 내면세계, **한마음**[5] 안에서는 무정물, 식물, 곤충, 축생 어느 것 하나도 버려지지 않고 같이 하고 있다는 것을 아셔야 합니다. 일체가 일 분 일 초도 쉬지 않고 항상 함께 운행을 하고 있다는 것을 아셔야 합니다.

그러나 둘 아니게 이렇게 하나가 되어 같이 운행을 하고 있어도, 좀 전에 말했던 거와 마찬가지로 너 나가 분명히 있습니다. 너 나가 있긴 있는데 하나가 되어 돌아가는 그 자체가 바로 공(空)한 겁니다.

---

5. 한마음: '한'이란 광대무변함, 일체가 하나로 합쳐진 것을 뜻하며, 한마음이란 만질 수도 없고 보이지도 않으며, 시공간을 초월하여, 시작도 끝도 없는 근본마음을 말함. 또한, 만물만생의 마음이 삼천대천 세계와 서로 연결되어 하나로 돌아가는 것을 의미하기도 함. 다시 말해, 한마음은 우주 전체와 그 속에서 살고 있는 일체 생명들이 근본을 통해 서로 연결되어 그 마음들이 하나로 돌아가는 모든 작용을 포함하고 있음.

as well, go like this. We are like a flower petal hanging from a tree branch. If the winds are rough, the petal soon falls. When the petal is protected from the wind, it may hang there a little longer, but eventually it too falls.

It's as if we are living in the midst of dreams, with everything appearing and disappearing like brief specks of cloud. We need to learn how to overcome this and to not be caught by the things appearing before us. Our lives might be like a flower petal hanging from a tree, but our minds inherently embrace everything, without the least exception. Through this *one mind*,[11] everything — plants, bugs, animals, and inanimate objects — ceaselessly functions together.

Although everything functions together as a whole, within this there is still clearly "you" and "me." To put it another way, "you" and "I"

---

11. One mind: (Hanmaum [han-ma-um]) From the Korean, where "one" has a nuance of great and combined, while "mind" is more than intellect and includes "heart" as well. Together, they mean everything combined and connected as one. What is called "one mind" is intangible, unseen, and transcends time and space. It has no beginning or end, and is sometimes called our fundamental mind. It also means the mind of all beings and everything in the universe connected and working together as one.

To Discover Your True Self, "I" Must Die

그 공한 가운데 특출한 한 가지가 있으니 여러분들이 그것을 발견하기 위해 이렇게 서로 같이 공부하며 가는 거지요.

세 번 죽어야 하느니

제가 이 말을 또 하는 이유는 여기 처음 오신 분들이건 오래 나오셨던 분들이건 이 점을 꼭 알고 가야 되겠기에 그렇습니다. 혹시 궁금한 게 있으시면 나중에 질문해 주십시오. 앞으로는 질문하실 수 있게끔 아예 시간을 정해 놓도록 하겠습니다.

우리가 이 공부를 하다 보면 자주 듣는 이야기가 있습니다. '첫째도 죽어야 하고, 둘째도 죽어야 하며, 셋째도 죽어야 한다'고요. '첫째도 죽어야 한다'는 이 소리는 일체를 놓으라는 겁니다. 어디다 놓느냐? 여러분의 근본마음에다 놓는 겁니다. 이건 자가발전소와 같은 것이죠.

exist, but they function together as one, and it's this flowing whole that's called "empty." In the midst of such emptiness, there exists something extraordinary. In order to discover this, you all have gathered here together today to learn more about your fundamental nature, and how to rely upon it and bring it forward in your lives.

You Must Die Three Times

Today, there are a lot of people who are here for the first time, so let me say something for them. This may take a while, but even if you've heard it before, please pay attention. You need to be very clear about what I'm going to say. If you have any questions, we'll be sure to make time for them at the end.

First, you must die! Second, you must die! Third, you must die!

Some of you have heard me say this before, right? Well, "First, you must die!" means to let go of everything and entrust everything.

내가 있기에 일체가 있고 그리고 모든 일체는 근본을 통해 서로 직결돼 있으니 내 근본마음은 끝없는 에너지를 주거니받거니 할 수가 있어요. 오고가는 게 보이진 않으나 줄지도 늘지도 않고 자동적으로 조절되는 밝은 자가발전소와 같습니다. 거기에 일체를 놓고 맡기라는 겁니다.

그런데 일체를 놓고 맡기라고 하면 몸을 틀고 앉아 좌선을 해야 되는 것처럼 생각하거나, 똑똑한 주관적인 내 중심 없이 무슨 공(空)에 빠지는 것처럼 생각하시는 분들이 계시는데 그런 게 아닙니다.

자가발전소와 같은 능력을 가진 자기 근본마음을 믿고 중심을 세워 거기에 일체를 맡기며 생활을 하라는 겁니다. 그게 참선이고 좌선이며 '첫째도 죽어야 한다'는 바로 그 소리입니다.

But where do we let go to? We let go to our fundamental mind, our true nature. It's like a power plant there within you.

Because you exist, you are connected to everything else. Through your fundamental mind, you are connected with and function as one with the entire universe. Thus, your fundamental mind can take in and send out energy in all its forms. This power plant is never overwhelmed no matter how much energy is put into it, and it is never overdrawn no matter how much is taken out. It handles all of this automatically and unseen, sending out energy and bringing in energy. So what I'm telling you is to entrust everything there.

When I tell people to entrust everything to their fundamental mind, sometimes they think that they need to physically sit down and cross their legs. Or they mistake mentally drifting off for this upright center that comes from repeatedly returning inwardly all you experience and all your questions, and then experiencing the results of that.

Instead, you need to have faith in your fundamental mind, this tremendous source of

그런데 그렇게 하고 가다 보면 편안한 마음이 생길 때도 있지만 편치 않은 마음이 생길 때도 있지요. 당연한 겁니다. 그런 과정이 없다면 지혜를 얻지도 못하고 마음을 깨우치지도 못하며 부처를 이루지도 못합니다.

올라오는 모든 생각들, 생활하며 닥치는 모든 것을 내 근본마음에 맡겨 놓으세요. 고독과 가난, 외로움과 병고, 모든 것을 말입니다. 아무런 이유를 붙이지 말고 무조건, 아는 것도 모르는 것도 전부 다 거기에 놓으십시오. 어떤 일이 잘 이루어져서 마음이 참 기쁘면 기쁜 대로 감사하게 내려놓고, 잘 되지 않았다 하더라도 좌절하지 말고 근본미음을 믿고 거기에 내려놓으세요.

energy, firmly center yourself, and then entrust everything to it. That is the true meaning of meditation and of "First, you must die."

However, while doing this, even though you sometimes feel peaceful, you nonetheless still feel disturbed or unsettled at other times. This is natural. Without these experiences and going through this process, you could not attain wisdom nor awaken to your true self nor become a *Buddha*.[12]

You should entrust everything that comes up in your life − solitude, poverty, loneliness, anxiety, illness − entrust this all to your foundation. Do it unconditionally, without searching for reasons. Let go of everything, including what you understand as well as what you don't understand.

When something goes well and you feel wonderful, let go of that situation with gratitude. When things don't go as you'd like, let go of all of that, without frustration, knowing that your foundation is nonetheless taking care of things.

---

12. Buddha: In this text, "Buddha" is capitalized out of respect, because it represents the essence and function of the enlightened mind. "The Buddha" always refers to Shakyamuni Buddha.

일체가 근본마음을 통해 하나로 연결되어 찰나찰나 변하면서 돌아가는 것이니 고정된 것은 없습니다. 그냥 믿고 맡기세요. 그렇게 하는 게 방하착(放下着)이며, 죽는 길입니다. 내 근본마음에 모든 걸 다 내려 놓아야 참나인 내 근본마음을 볼 수 있습니다. 이게 '죽어야 나를 본다'는 뜻입니다.

다시 죽고 비밀을 지켜야

이렇게 하고 가다 보면 참나를 발견하는 분들이 꽤 있는데, 자기 근본마음을 보고서도 '나'라고 하는 그 **습(習)**[6]을 버리지 못하는 경우가 참 많습니다. 그래서 '두 번째도 죽어야 한다'는 겁니다.

---

6. 습(習): 현재뿐만 아니라 과거 수억겁 년 동안 행하였던 모든 행위들(말, 행동, 생각 등)이 버릇이 되어 잠재여력으로 남아 있는 것을 말함.

Everything is connected as one through this foundation, and changes and manifests every instant. So nothing is fixed. Just have faith in your foundation and entrust everything to it. This is how you "die," and how to free yourself from attachments. When you entrust everything to your foundation, then you can find your true self, your foundation. That's what I mean by, "You have to die to see your true self."

Die Again and Keep What You Experience to Yourself

Second, you must die again. While practicing here, some of you have discovered your true self. Yet, many of you still haven't discarded your *habits*,[13] of "I," "I did," and "mine." This is why I say, "You must die a second time."

---

13. Habits(習): These include not just the ways of thought and behavior learned in this life, but also all of those tendencies of thought and behavior that have accumulated over endless eons.

여러분들이 이 공부를 하고 가다 보면 그 과정에서 때로는 뭐가 보이기도 하고 들리기도 하는데, 많은 사람들이 부처님이 보이면 좋고, 머리를 풀어 산발을 한 귀신을 보면 불길하다고 생각합니다.

또 어떤 신호가 오면 신호가 온다고 말하고 다니고, 보이면 보이는 대로, 들리면 들리는 대로 거기에 휘둘립니다.

그것들도 또한 변해 돌아가는 환상 같은 것일 뿐인데도 말입니다. 그런데도 그런 걸 가지고 논의들을 하고 그럽니다. 이것 또한 '나'라고 하는 습이 남아서입니다.

자, 그렇다면 첫 번째도 죽어야 하며 비밀로 놓고, 두 번째도 죽어야 하며 비밀로 놓으라는 그 뜻을 아시겠습니까?

In the process of entrusting everything and letting go of "I," many people sometimes see or hear extraordinary things. For instance, a Buddha might appear before them, or they may see a ghost. People tend to be thrilled if a Buddha appears, and terrified at the sight of a ghost.

And if they feel or experience something extraordinary, they'll eagerly talk about it. They are so quick to get caught up in whatever they see or hear.

But all of those are just constantly changing illusions. Yet people focus on those and talk so much about them. It's because they still see everything through the lens of "I did," "I," and "mine." They still haven't freed themselves from that habit.

Now do you understand why first you must die and keep what you experience to yourself, and why you must die yet again, keeping what you experience secret?

나를 발견했을 때에, 내가 어떠한 것이 보이든 들리든 그건 도(道)가 아닙니다. **오신통(五神通)[7]**을 한다 하더라도 도가 아닙니다. 내가 오신통에서 벗어나야 오신통을 굴릴 수 있다고 누누이 말씀드렸습니다.

그런데도 불구하고, 들리고 보이고 또 뭐 좀 알게 된 걸 가지고 그걸 놓지 못하고 알리고 다닌다면, 첫째, 불법에 누(累)가 되게 하는 거고, 둘째, 선원과 스님네들한테 누가 되게 하는 거고, 셋째, 자기 자신한테 누가 되게 하는 것입니다.

---

7. 오신통(五神通): 불교의 육신통(六神通) 중에서 누진통(漏盡通)을 뺀 다섯 가지의 신통(능력), 즉 천안통(天眼通), 천이통(天耳通), 타심통(他心通), 숙명통(宿命通), 신족통(神足通)을 일컬음. 천안통(天眼通)은 보는 사이 없이 볼 수 있는 능력, 천이통(天耳通)은 듣는 사이 없이 들을 수 있는 능력, 타심통(他心通)은 다른 이의 마음을 아는 사이 없이 알 수 있는 능력, 숙명통(宿命通)은 과거 어디로부터 왔는지를 아는 사이 없이 아는 능력, 신족통(神足通)은 한 찰나에 가고 옴이 없이 가고 올 수 있는 능력을 말함.

Even though you see or hear amazing things when you discover your true self, that is not the path forward. Even though you obtain all of the five subtle powers — the ability to know others' thoughts and emotions, to know past and *future lives*,[14] to hear anything, to see anything at any place, and to appear anywhere without moving your body — this is still not the way forward. Only when you are free from attachment to those subtle powers will you be the master of them and able to use them to help all beings.

Even before then, if you go around talking about the things you hear, see, and understand, then, first of all, you'll obscure the *Buddha-dharma*[15] for others, second, you'll cause trouble for *sunims*[16] and the temple, and third, you'll block your own way forward.

---

14. Future lives: Here, "future lives" refer to what will come to pass if we continue as we have been. However, as we make an effort to rely upon our fundamental nature, and change and grow, our future will likewise change.

15. Buddha-dharma: This can refer to the fundamental reality that the teachings of the Buddha point towards, or, occasionally, the teachings themselves.

16. Sunim: Sunim is the respectful title of address for a Buddhist monk or nun in Korea.

나를 발견한 다음부터는 실험하는 단계가 됩니다. 이 단계에서는 실험을 통해 체험을 하고, 체험을 하면서 행을 해보는 그러한 막강한 공부를 하게 되는데, 꿈에서 가르치는 것도 생시에서 가르치는 것도 둘 아니게 보고 비밀로 두고, 봐도 본 사이 없이, 들어도 들은 사이 없이, 알아도 안 사이 없이 해야 합니다.

다시 말해, 이 공부 하면서 겪는 전체, 알게 되는 거, 보게 되는 거, 듣게 되는 거 일체를 계속해서 내 근본마음에 놓게 되면 알아도 안 사이가 없게 되는 거고 들어도 들은 사이가 없게 되는 거고 봐도 본 사이가 없게 되니 아예 말할 것도 없게 되는 겁니다. 죽어야 하며 비밀을 지켜야 한다는 뜻이 이 뜻입니다.

Once you discover your true self, you enter the stage of experimenting. At this stage of practice, you need to experiment with applying your understanding. Your experiments will result in experiences, and then you need to try and put those experiences into action.

This is a very powerful stage of practice. At this stage you have to be careful to view as one what you learn while you are awake and what you're taught in your dreams.

See it all nondually. Even though you may see, hear, or become aware of unimaginable things, you need to return all of those to your foundation, letting go of any trace of "I saw," "I heard," or "I know."

In other words, if you keep entrusting to your foundation everything that's revealed to you, seen, or heard, then, even though you know, hear, and see those things, there is no moment of knowing, hearing, or seeing. Therefore, there is nothing to speak of. This is the meaning of "You must die and keep what you experience secret."

우리가 이처럼 비밀을 지키면서 공부를 해 나가다 보면, 오신통에서 딱 벗어나게 되는데 그러면 바로 이 통을 자유자재로 굴릴 수가 있게 되는 겁니다.

그래서 '보이더라도 놔라. 들리더라도 놔라. 남의 마음을 알더라도 놔라. 남의 과거를 알더라도 놔라. 내 몸이 시공을 초월해서 오고 감이 없이 오고 간다 하더라도 놔라. 그렇게 놓는 것이 비밀을 지키는 거다' 라고 말씀드리는 거죠.

모든 걸 자기 근본마음에 끊임없이 놓고 가야 물리가 터져 지혜를 구할 수 있고, 그 지혜로 자기가 이 도리를 다시 실험하고 체험하면서 자기의 것으로 만들 수 있게 되는 겁니다.

그렇게 할 수 있는 비밀 문, 내 근본마음이 바로 내 안에 있습니다. 오관을 통해서 들이고 내는 비밀 문이 나한테 있으니 다른 문을 찾지 말고 내 안에 있는 이 문을 통해 진리를 찾으십시오.

As you go forward continuing to practice and returning everything you experience inwardly, you will free yourself from the five subtle powers. Then you will be able to use them all as needed.

That's why I say, "Even though you see or hear extraordinary things, let them go. Even though you clearly know others' thoughts and emotions, let those go. Even though you know others' past lives, let that go. Even though your body can transcend time and place, and instantly go anywhere, let that go. This is keeping it a secret."

By continuously letting go of everything to your foundation, you can realize the truth of how everything is functioning and attain wisdom. Then using this wisdom, you experiment with and experience this truth again, and truly make it your own.

It is like a secret path where, through application and experiencing, you thoroughly understand this fundamental mind and become able to use it as needed. This is the secret gateway within you, working through your perceptions. Don't go looking for the entrance somewhere else. Discover the truth through the door that is already within you.

세간의 요구에 응신으로 나투니

세 번째도 죽어야 합니다. 그렇게 비밀을 지키고 오신통에서 벗어난다면, 그때 비로소 너 나는 틀림없이 있으면서도 너 나가 없게 됩니다.

네가 내가 되고, 내가 네가 될 수 있는 그러한 막강한 나툼에 의해 **응신(應身)**[8]으로서 또, **화신(化身)**[9]으로서 도움을 청하는 이들에게 응해줄 수 있습니다. 그래서 천백억화신(千百億化身)이라고 하는 겁니다.

마음이라는 그 자체는 체가 없어서 수만 명의 모습이 달리 나올 수 있습니다. 그렇기 때문에 너 나가 있으면서도 너 나가 없이 돌아가는 한마음이 되면 상대방이 응하는 대로 모습도 다르게 화해서 응해줍니다. 산신에게 청하는 거면 산신으로 보여주고,

---

8. 응신(應身): 법신(法身)이 다양한 중생들을 구제하기 위하여 응해주고 둘이 아니게 모습을 나투어 보살행을 하는 것.

9. 화신(化神): 모든 것을 자기의 근본자리에 놓았을 때 한생각에 따라 현실로 화(化)하여 드러나는 것. 보현신과 동일함.

Manifesting in Response to the Needs of the World

Third, you must die yet again. If you can keep what you experience secret, and free yourself from all attachments to the five subtle powers, then at last, even though you and I clearly exist as distinct beings, there will be no "you" or "I."

You will be able to manifest such that you become others, and others become you. Your ability to respond and manifest will become so powerful. Through this, you will also be able to respond to those asking for help. That's why this is called the hundred and ten billion manifestation bodies of Buddha.

What we call mind has no form, so it's able to take on an infinite variety of different shapes. So at this stage, even though there is clearly "you" and "I," you function as one with your fundamental one mind, free of traces of "you" and "I," manifesting different with forms, according to people's need. If someone asks a mountain god for help, the shape of a mountain god will appear to them, and

관세음보살(觀世音菩薩)[10]에게 청했으면 관세음보살의 모습으로 각기 다르게 보여 주지요. 이렇게 하는 건 도와주려 하는 마음의 자비가 응해 주기 때문입니다.

이러한 나툼이 부처님의 한 발 내려딛는 보살행(菩薩行)입니다. 일체 모든 생명들, 하다못해 곤충에게까지도 나투며 화하면서 응해 주는 이 도리가 보현등의 행적이며, 연화불(蓮華佛)이고 여래불(如來佛)입니다. 거지든 아니든, 권세가 있든 없든, 남자든 여자든, 애든 어른이든, 지식이 있든 없든, 상대가 누구든, 문제가 무엇이든 거기에 나투어 응해 주는 이 도리가 바로 부처님이라고 하는 겁니다.

---

10. 관세음보살(觀世音菩薩): 세간의 괴로움으로부터 구원을 원하는 소리를 듣고 이에 응하여 고통으로부터 중생을 대자대비한 마음으로 구제하는 보살. 산스크리트로는 아바로키테슈바라(avalokitesvara)인데, 이는 곧 자재롭게 보는 이[觀自在], 자재로운 관찰이란 뜻으로써, 이 세상의 모든 것을 자재롭게 관조하여 보살핀다는 뜻.

if someone asks *Avalokitesvara Bodhisattva*[17] for help, the shape of Avalokitesvara *Bodhisattva*[18] will appear.

This is the response of true compassion. This is the functioning of Buddha that steps down into lower realms in order to help beings, and is called Bodhisattva. It manifests as a guide to show us the path to enlightenment. It shows us how we can awaken through our struggle to overcome stress and adversity. It shows us how every thing is arising from one mind, and is the functioning of one mind.

It responds and manifests to every being, including insects. Regardless of whether someone is desperately poor or incredibly powerful, male or female, a child or an adult, well-educated or not,

---

17. Avalokitesvara Bodhisattva(觀世音菩薩)**:** The Bodhisattva of compassion, who hears and responds to the cries of the world, and delivers unenlightened beings from suffering.

18. Bodhisattva(菩薩)**:** A Bodhisattva is traditionally thought of as an awakened being who remains in this realm in order to continue helping those who are suffering. However, in the most basic sense, a Bodhisattva is the manifestation of our inherent, enlightened essence that is working to save beings, and which uses the non-dual wisdom of enlightenment to help them awaken for themselves.

만약 앞에서 설명한 세 단계의 모든 과정을 거쳐 어떠한 '인간의 완성'에 도달했다면 그건 하나의 개별적인 완성이 아니라, 한데 합쳐진 전체의 완성입니다. 그 자리에선 너는 너 대로 있고, 나는 나 대로 있지만, 또한 구별없이 모든 것이 하나가 되어 돌아가기 때문입니다.

그렇기에 모두가 내가 될 수 있고, 내가 모두가 될 수 있으며, 모두의 손이 내 손이 될 수 있고, 모두의 아픔이 내 아픔이 될 수 있는 거지요. 이것이 바로 둘 아니게 흐르는 중에 천백억화신으로서 응해 주는 부처님의 자비입니다.

부처는 고정된 어떤 틀이나 모습을 갖고 있는 게 아닙니다. 쉬지 않고 나투며 돌아가는 이 진리를 말하는 겁니다. 벌레가 될 때에 부처라 할 수 없고, 관세음보살로서 여러분에게 응해 줄 때에 부처라 할 수 없습니다. 그 어떠한 모습으로 응해 준다 해도 그것을 부처라고 할 수 없습니다. 부처는 다름이 아니라 '아뇩다라삼먁삼보리' 즉, 이름 없는 이름의 길, 진리를 얻었음을 뜻하는 겁니다.

no matter who they are, no matter what the issue is, this one mind responds to them all equally. This functioning itself is Buddha.

If, after going through these three stages of dying, a practitioner reaches the point of becoming "a complete human being," that will not be the completion of an individual, rather it is the state where everything has been combined together and works as a whole. At this stage, even though you exist as you, and I exist as I, everything works together as one, without discrimination.

That's why everything can become me, and I can become everything—other's hands can become my hands and other's suffering can become my suffering. This is the nondual compassion of Buddha, which manifests in a million different ways, according to the need.

Buddha doesn't have any fixed shape or appearance. Rather, Buddha refers to this truth of ceaselessly functioning as one and manifesting. The insect that manifests to people cannot be called Buddha. When Avalokitesvara Bodhisattva manifests to someone, that cannot be called Buddha. No matter what shape or form

그래서 우리가 석가모니 부처님의 앞서간 그 길을, 그 가르침을 제대로 알고 잘 따라 간다면, 자력신앙으로서 우리가 우리의 갈 길을 똑똑하고 올바르게 갈 수 있을 겁니다.

그렇다면 어떻게 해야 똑똑하게 하고 가는 걸까요? 그건 이리저리 흔들리지 않고 참 자기인 내 근본마음에 모든 것을 놓아 중심을 잡고 가는 겁니다.

이 뜻을 예전에 **백장선사(百丈禪師)**[11]는 "너희들은 땅을 파도 아니 되고, 땅을 안 파도 아니 되니, 그것은 무슨 연고인고?" 하는 물음으로 알려줬으며, 또, "이 도리를 알면 밥 한 그릇을 가지고도 일체 중생들을 다 먹일 수가 있고 그 한 그릇이 되남을 수 있느니라."라는 말로도 알려주셨습니다.

---

11. 백장선사(白藏禪師)(720~814 AD): 중국 당나라의 선승으로 휘(생전의 이름)는 회해(懷海). 『백장청규(白丈淸規)』를 제공하여 선종의 의식과 수도생활의 규율을 처음으로 성문화함. "하루를 무위(無爲)로 지내면 그 날은 굶는다."라는 규율로 유명함.

manifests to help people, that appearance cannot be called Buddha. Buddha means the utmost truth, incomparable enlightenment, the great truth, the great path, in which there can be no names or labels.

If we follow the path that Shakyamuni Buddha set forward while correctly understanding what he taught, and are diligent in applying that, then we can go forward wisely, with self-sustaining faith that arises from our experiences of our true nature.

What does it mean to go forward wisely? It means to firmly center yourself and entrust everything to your true self, your foundation, while not letting yourself be disturbed by anything you experience.

Master Baizhang[19] was teaching this when he said, "You must not dig the ground, nor not dig the ground. Why is this?" This was also what he was communicating when he said, "When you've truly made this your own, then with one bowl of rice you can feed all beings. And after they are fed, there will still be one bowl of rice."

---

19. Master Baizhang: A Chan(Seon) master who lived in China from 720 ~ 814 C.E.

백장선사뿐만이 아니라 많은 **선지식(善知識)**[12]들이 그와 같은 말씀으로 가르침을 주셨습니다. 아까 처음에 말했듯이, 석가모니 부처님께서는 세상에 나오시면서 하신 행동으로 우리에게 세상 돌아가는 이치를 보여 주신 거고요. 이 밖에도 직접 행(行)으로 가르침을 보여 주신 때가 참 많아요.

어느 날, 석가모니 부처님이 제자들과 많은 대중이 모여 있는 자리에서 꽃 한 송이를 들어 보였습니다. 무슨 뜻인지 알아들을 수 있는 사람만이 알아들었겠죠. 그리고 **가섭존자(迦葉尊者)**[13]가 얼굴의 미소로 답했습니다. 마음이 계합돼서 말입니다.

쉽게 말해서, 부처님께서는 "나는 이 깨우침이 아닌 깨우침을, 이 법을 너한테 전하노라." 하신 거고 가섭존자는 그 뜻을 알고 받으신 거죠. 이 진리는 일일이 설명을 해야 알아지는 게 아니라, 벽을

---

12. 선지식(善知識): 불법의 진리를 가르쳐 주며, 사람들을 바른 길로 이끌어주는 훌륭한 지도자 혹은 현자(賢者)를 뜻함.

13. 가섭존자(摩訶迦葉: Mahakasyapa): 석가모니부처님의 십대 제자의 한 사람으로 욕심을 줄이고 만족할 줄 아는 삶을 살며 계율을 중시하는 두타행(頭陀行)의 일인자였으며, 제자 중 으뜸의 자리에 있는 성자로 존경을 받았음. 대(大)가섭이라고도 함.

Countless other awakened beings have also used similar sayings to teach people. As I said earlier, when Shakyamuni Buddha was born, he showed us the nature of this world and how it functions. But that was hardly the only time.

One day, Shakyamuni Buddha, held up a lotus flower in front of everyone. Only those who had truly experienced their foundation knew what he meant. *Mahakasyapa*[20] answered with a smile because his mind had become one with the mind of Buddha.

To put it plainly, the Buddha said, "To you, I share this truth, the enlightenment that is not enlightenment." And Mahakasyapa understood what the Buddha meant. This truth of how everything works isn't something where it's possible to explain every single thing. Instead, it's like the old Korean saying, "When you hit the wall, the roof shakes." Having perceived one

---

20. Mahakasyapa: Regarded as the foremost of the ten great disciples of the Buddha. He was well known for his self-discipline, and the Buddha himself praised Mahakasyapa for his attainment and realization. After the Buddha's passing, Mahakasyapa was chosen to lead the great council that gathered to record the teachings of the Buddha.

치면 **봇장**[14]이 울리는 것처럼 알아지는 겁니다. 이 이야기는 그걸 보여주는 거지요.

여러분은 전구에 불이 들어오는 걸로 전력이 왔다는 걸 압니다. 스위치를 누르면 밝게 불이 들어온다는 걸 알지만 전력의 오고감은 여러분 눈에 보이지 않아요. 그것처럼 여러분은 이 세상에 생명을 갖고 나왔고 활발하게 살아가고 있지만 여러분을 그렇게 살 수 있게 한 그 근본마음의 작용은 보지 못합니다. 그러니 당연히 여러분이 어디서 어떻게 왔고 어디로 어떻게 가는지 모르겠죠.

하지만 전구에 불이 안 들어왔다고 해서 전력이 없다고 생각하지 않는 것처럼 나를 이 세상에 있게 했으며, 만물만생을 서로 연결시켜 같이 돌아가게 하는 이 근본마음이 안 보인다고 해서 없다고 생각하지 마세요. 있다는 걸 그냥 믿으세요.

여러분들은 저 전구가 전력이 통했을 때 최대한 밝게 빛을 내기 위해 그 속에 여러 가지들이 얼마나 잘 갖추어져 있는지 아실 겁니다. 허나, 여러분한테

---

14. 봇장: 들보 혹은 대들보의 다른 말. 집을 지을 때에 칸과 칸 사이의 두 기둥을 가로지르는 나무. 도리와는 'ㄴ' 자로, 마룻대와는 '+' 자 모양을 이루는 나무.

part, all of the rest of the unspoken, underlying meanings will become clear to you.

When a lightbulb goes on, you're able to pick up on the fact that there's electricity there, right? Even though you can't actually see that electricity flowing back and forth, right? Likewise, as people go about living their life in this world, they don't see the functioning of this fundamental mind that makes our life possible. And thus they don't see where they've come from or where they're heading.

Even if the lightbulb doesn't come on, you don't suddenly doubt that electricity exists, do you? Likewise, even though you can't see your fundamental mind, don't think that it doesn't exist. Your fundamental mind causes you to exist in this world, connects everything, and functions together. So just have faith that your fundamental mind exists.

You all know that there's a lot of technology inherent in making a lightbulb shine, right? Likewise, already inherent within you are all the abilities needed to make you shine infinitely brighter.

는 그것보다도 더한 것들이 출력되어 나올 수 있는 재료들이 충만히 갖추어져 있다는 걸 아셔야 합니다.

다시 말하지만, 중요한 것은 첫째도 놓고 죽어야 하며 비밀을 지켜야 하고, 둘째도 일체를 놓고 죽어야 하며 비밀을 지켜야 하고, 셋째도 죽어 그 비밀을 지켜야 한다는 것입니다. 그렇게 하지 않으면, 응신으로서 나투는 법을 증득(證得)하지 못하고, 지혜를 구할 수도 없으며, 물리가 터지질 않습니다.

한 치의 물러남도 없이 근본마음을 믿고 가라

우리가 어렸을 때부터 어른이 되기까지 지식을 습득하고, 학문적인 이론을 배우고, 사회 생활을 익혀나가는 데에 얼마나 많은 노고가 따르고 고통이 많았겠습니까? 그리고 또 그렇게 해서 얻은 지식과 학식들을 머리에 넣고 여러 가지 방편으로써 쓰는 것만 해도 얼마나 힘이 듭니까? 그러나 그게 헛된 게 아닙니다. 그러한 것들은 우리가 우리의 근본마음을 찾아가는 과정에 뗄래야 뗄 수 없는 재료들입니다. 별개의 것이 아니라는 뜻이죠.

As I said before, first, you have to let go – you have to die – and keep what you experience a secret. Second, entrust everything you experience to your fundamental mind, die, and again keep it a secret. Third, die yet again, keeping everything you experience to yourself. Otherwise, you will not be able to thoroughly penetrate the principle of manifesting in response to the need, nor to put wisdom into play, nor to instinctively understand all the world around you.

Fiercely Rely Upon Your Fundamental Mind

All the learning you've done since childhood hasn't been easy, has it? Trying to understand what's going on around you, having to learn all kinds of things at school, and trying to find your way socially. Then trying to take all of those things and figure out how to make your way in the world has been hard, hasn't it?

However, none of that effort has been in vain. All of that has been part of the process of discovering your fundamental mind. None of that was separate or irrelevant.

또, 아까도 얘기했듯이 우리 모두에겐 근본마음, 마음 내기 이전의 마음이 있습니다. 그것을 불성(佛性)이라고도 하고 참나라고도 하죠. 여러 가지 이름들이 있어요.

그런데 또 내 안에는 **악업 선업**[15]이 뭉쳐 생긴 중생들도 있습니다. 그 중생들이 내 안에서, 오장육부 안에서 나를 고통스럽게도 만들고, 즐겁게도 만드는 겁니다. 내 근본마음인 참나를 가리고 말예요.

그래서 내가 여러분한테 항상 말씀드리는 게 뭐냐면 거기에 속지 말라는 겁니다. 참나는 더하고 덜함도 없으며 당당하고 꿋꿋한데 악업, 선업의 **업식(業識)**[16]들이 자꾸 농락을 해서 그걸 뒤집어쓰고 맞고 하니까 여러분들이 고통스러운 거예요. 여러분들의 중심인 참나는 맑고 밝습니다.

---

15. 업(業): 몸과 입과 뜻으로 짓는 일체의 행위.

16. 업식(業識): 과거 생에 지은 모든 행위와 생각이 현재 우리의 몸속에 있는 생명들의 의식에 그대로 기록되어 잠재되어 있는 것. 때가 되면 이 의식들이 하나씩 풀려 나와 여러 가지 형태로 우리들 앞에 펼쳐지게 됨. 이러한 의식들을 녹이는 방법은 발생하는 모든 문제를 자신의 근본자리에 지속적으로 맡기는 것이며, 업식도 원래는 공(空)한 것이니, 업식이 있다는 생각 자체에 착을 두지 않아야 함.

We all have this fundamental mind which has existed before anything else, which exists before any of your thoughts. This foundation is called Buddha-nature, true self, and many other names.

However, the unenlightened beings that make up your body are the manifestation of karma, both good and bad, and they keep echoing that karma. As that karma keeps replaying, it causes you to suffer or feel joyful. But what it really does is obscure your true self.

So, don't be deceived by your good and bad karma. Your true self is always complete, powerful, and noble. These echoes of your good and bad karma turn things upside down and cause you to suffer, but your fundamental center is clear and bright.

그런데도 그걸 모르고 여러분은 그저 꿈을 조금만 기분 나쁘게 꿔도 '아이구, 오늘 뭐가 잘못되려나 보다' 하고 나쁜 쪽으로 생각을 합니다. 이거는 생각 자체의 운전을 잘못하는 겁니다.

나쁜 생각이 들고, 우울한 생각이 들고, 말하기도 싫고 할 때는 생각을 조금만 돌려보세요. '그런 마음이 들게 하는 것도 여기 내 마음이고, 그런 마음이 들지 않게 하는 것도 여기 내 마음이야'라고요. 그렇게 하고 가면 달라집니다.

그런데 그런 안 좋은 생각을 노상 붙들고 있으면서 저한테 와서는 "항상 마음이 우울하고, 말하기도 싫은 그런 병이 있습니다."라고 해요. 왜 그걸 나한테다 말합니까? 모든 것을 이끌어가는 운전수는 바로 당신 자신이라고 그랬는데도 말입니다.

내 근본마음, 참나를 꽉 잡고 가면 내 앞에 어떤 일이 닥치든 운전을 잘 하고 갈 수 있습니다. 다른 사람한테 물을 필요가 없어요. 다른 사람이 대신해 줄 수 없는 거예요.

But people don't know this and tend to think negatively even when they have a slightly bad dream, thinking, "Oh, no. Something bad is going to happen today." This way of thinking doesn't lead to anything good.

When you're thinking negatively, feeling sad, or depressed, you should try to turn those thoughts around, "Those thoughts and feelings are arising according to how I used my mind, so how I use my mind now can cause them to disappear." Then your state of mind will change.

However, some people dwell on negative feelings and come to me saying "I always feel depressed." Why do they bring this stuff to me? They have their own driver who's in control of their car. I've always told them, "Your fundamental mind is the one driving the car, so everything else goes where it goes."

Take firm hold of your fundamental mind, your true self, and you will be able to navigate through whatever difficulties you might come across. You don't need to go looking to others for what you should do, because they can't do the things that you need to do.

마음공부에 대해 묻고 토론하는 법

또 하나는, "스님께서 다 놓으라고 하면서 왜 질문을 하고 토론을 합니까?" 이러는 사람들이 있어요. 법을 구하는 데 있어서 도반들끼리 모이면 문짝이 들어왔다 나갔다 하리만큼 신랄하게 문답을 청하고 토론해야 합니다.

왜냐하면 그렇게 하면서 사람들의 다양한 생각을 들어보고, 또 다양하게 하는 행을 보면서, 체로 걸러 내 거를 만드는 수가 많거든요. '저런 건 저렇게 안 했으면…' 하는 생각도 들고, '저거는 저렇게 해야 되겠다' 하는 생각도 드는 겁니다. 그러면서 지혜가 생기고 물리가 터지는 수가 많습니다. 이렇게 얘기했는데도 여전히 그런 말을 한다면 내가 한 가지 더 말씀드릴게요.

여러분이 나한테 질문을 했을 때 내가 그걸 집어먹고, 내가 대답을 드렸을 때 여러분도 내 말을 집어먹어버렸다면 오고간 말이 남아 있겠습니까? 없겠습니까? 다시 말해, 오고가는 이 질문답이 근본마음을 통해 나오고 근본마음으로 다시 들어가 다 소화된다면 그게 남아 있겠느냐 이겁니다.

How to Ask Questions and Have Discussions About Spiritual Practice

People sometimes wonder why I say that they should ask questions and have discussions about practice when I've already been saying that we should let go of everything. In the middle of finding the truth, practitioners should hold honest and energetic discussions with fellow practitioners. The discussions should be bold enough to fling the door wide open.

When you hear about other's experiences and their thoughts on practice, and as you see how they handle the things that come up, you can sift through those and find things that will help you. You can also learn from their experiences, both the good ways of handling things, as well as those ways you feel are best avoided. In this way, you can gain wisdom, and many people even realize what's been holding them back. If you're still not following me, let me say one more thing about asking questions.

When you ask me a question, I absorb your words and energy, and when I answer, if you also absorb my words and energy, then all of

이런 식의 질문답은 말이라는 수단을 통해 근본에서 우러나오는 서로의 생각과 마음이 오고가는 거예요. 이쪽에서 말을 했으면 저쪽에서 먹고, 저쪽에서 말을 했으면 이쪽에서 먹는 겁니다. 근본마음이 서로 연결되어 왔다 갔다 하는 거예요. 이 마음이 통신력과 같은 에너지로 바뀌어서 작용하는 거지요.

이 모두가 묘법입니다. 이 묘법이 어디에 있습니까? 우리들의 일상 속에 있지 않습니까? 생활하면서 겪는 모든 것들, 하고 가는 모든 것들을 근본에 놓아가며 살면 되는데 그러진 않고 "스님이 말하지 말랬는데…, 그냥 놓으라고 했는데…." 하면서 그 말에 또 그렇게 끄달릴 수 없어요. 이렇게 답답할 수가 있습니까?

that becomes nutrients. To put it another way, if the questions and answers arrive through your fundamental mind and are sent back through your fundamental mind, then we will be truly communicating with each other.

When we have discussions about practice like this, then while we are speaking words, our thoughts and intentions are communicating with each other through our fundamental mind. When this person speaks, that person absorbs it, and vise versa. This fundamental mind transforms those words into energy that is capable of deeply communicating with others.

This ability of our fundamental mind is such a profound, great power. Where is this found? It's found in every aspect of your day to day life. All you need to do is entrust your fundamental mind with whatever you're experiencing, with whatever you're doing. But still some people cling to just the words I said, missing the sense of them, and saying things like, "But *Kun Sunim*[21] told us to

---

21. Kun Sunim: Sunim is the respectful title of address for a Buddhist monk or nun in Korea, and Kun Sunim is the title given to outstanding nuns or monks.

여러분들한테 항상 얘기하는 게 뭐냐면, 우리들의 삶은 끊임없이 흘러가는 뜬구름과 같은 찰나의 생활이며 분명히 너 나가 있는 생활이란 거예요. 그런데 그러면서도 근본마음을 통해 서로 연결되어 너 나가 한 사이없이 변하면서 둘 아니게 하나로 돌아간다는 겁니다.

이게 진리이고 석가모니 부처님께서 보여주신 가르침입니다. 여러분들은 이러한 가르침을 깊이 새겨들어 만물만생을 이렇게 변하여 돌아가게 하는 그 뿌리, 근본마음을 발견하여 진정한 자유인이 되도록 하십시오.

내가 여러분들한테 사람들 눈에는 보이지도 않는 것들을 가지고 얘기하면 뜬구름 잡는 소리라고 합니다. 하지만 우주의 근본이 인간 마음의 근본과 직결되어 있고, 세상 살아나가는 모든 삶의 근본도 인간 마음의 근본과 직결돼 있다는 말은 뜬구름 잡는 얘기가 아니에요.

let go and not say anything." It's so frustrating sometimes.

I keep saying this, but our life is like ceaselessly flowing clouds, within which there exists "you," and "I." Yet in the midst of that, you and I are connected through the foundation, and while changing every instant, function together as one whole.

This is the truth of things, and what Shakyamuni Buddha taught. You should deeply engrave this teaching within you, and find your root, your fundamental mind that is responsible for every thing and every life changing and functioning in this way. Discover this and become a truly free person.

If you're told about something you've never even imagined, it's easy to say that's nonsense. However, it is not nonsense when I say that the foundation of human beings' minds and the foundation of the universe are directly connected. Your foundation is connected to the foundation of everything you encounter in the world.

저 우주의 근본이 인간 마음의 근본과 직결돼 있음을 진정으로 깨닫는다면, 들을 수 있다라는 거, 볼 수 있다라는 거, 판단할 수 있다라는 것들이 그냥 눈으로 보고 귀로 듣고 머리로 생각하는 것이 아닌, 우주삼라만상이 서로 직결돼 같이 돌아가는 것에 종합되어 있다는 걸 알게 될 겁니다. 이런 걸 하나하나 매번 얘기하지 않아도 아시겠지요?

여러분이 세상을 한번 보십시오. 이 세상 돌아가는 것은 끼리끼리 장단 맞춰서 노는 겁니다. 그런데 이 도리를 모르면 이렇게 장단 맞춰 노는 게 흥겹지만은 않게 됩니다. 만물만생의 근본이 서로 직결돼 같이 돌아가는 이 이치를 모르면 끼리끼리 장단 맞춰 논다는 건 끼리끼리 모여서 싸우고 뜯고, 쫓고 쫓기는 전쟁 아닌 전쟁을 하는 거와 매한가지이기 때문입니다. 그러니 꼭 여러분의 뿌리, 근본마음을 발견해서 자유자재로 놀 수 있는 자유인이 되십시오.

When you truly realize that the foundation of the universe is directly connected to the foundation of human beings' minds, you'll understand that the ability to hear, see, and understand is due to everything in the universe being connected with each other and functioning together as one. It doesn't depend on the ear, eye, and brain. You'll remember this principle without me needing to repeat it during each Dharma talk, right?

Look at the world around you; people tend to gather together according to their similar *karmic affinity*,[22] and fit themselves to the group's rhythm. Although life in that group can seem joyful, is it really?

When people don't know that all beings are fundamentally connected, life is a war, although they don't realize it. They speak harshly to each other, fight, hunt and are hunted. So instead of living like that, find your root, your fundamental mind, and become a truly free person, joyfully passing through whatever circumstances you find yourself in.

---

22. Karmic affinity(因緣): The connection or attraction between people or things due to previous karmic relationships.

지난번에 미국에 갔을 때 기독교인 모임과 가톨릭 모임에서 초청을 해서 갔었습니다. 갑작스런 초청이었지만 불교라는 거는 기본적으로 어떠한 종교에도 다 포함되어 있기 때문에 손색은 없었습니다.

영원한 생명의 근본이자 전체가 직결돼 있는 그 자체가 불(佛)이거든요. 여러분 모두가 이런 생명의 근본을 지니고 있기에 이렇게 진화되어 인간까지 온 거고, 계속 공부하여 진화하면 모두가 부처님 같은 성인이 될 수 있는 겁니다. 그리고 여러분들이 자녀들을 가르치기 위해 좋은 말씀을 해주시는 것처럼 이것도 그런 가르침으로써 교(敎)인 거예요. 그래서 불교라고 하는 겁니다.

사실, 여러 가지 이름의 종교가 헤아릴 수도 없이 많습니다. 그런데 대부분이 타력신앙으로 믿고 있어요. 여기 가 봐도 그렇고 저기 가 봐도 그렇습니다. 그 이름에 맹종하고 사람에 맹종하고 그림에다가 맹종하고 뭐 만들어 놓고 거기에 맹종하고 있습니다.

The last time I went to the United States, a group of Protestants and Catholics invited me to give a talk. Although we came from different cultures and religious backgrounds, they had no problem understanding what I was talking about. Why? Because the essence of Buddhism not something limited to a certain place or group.

The first syllable of Buddhism (*Bulgyo* in Korean), *Bul*, means the eternal foundation and source of life, through which everything is interconnected. Because each one of us has this foundation of life, we have been able to evolve into human beings, and will, with continual spiritual practice, be able to evolve into great spiritual beings like the Buddha.

The second syllable, *gyo*, means words of truth and the teachings about life. This is like the wisdom and life experiences that a parent shares with their children. Thus, Buddhism, or *Bulgyo*, refers to everything in the world. It encompasses everything.

There are so many religions in this world. But in almost all of them, people believe in supreme beings that exist outside of and apart from

그러나 부처님은 그렇게 가르치지 않으셨습니다. 진리의 길은 우리 내면에 있습니다. 각자 여러분이, 여러분의 근본마음을 발견해서 일체를 용도에 따라 마음대로 들이고 내면서 삶의 보람을 누리고 사세요. 영원히 **윤회(輪廻)**[17]에 끄달리지 말고 시공을 초월해서 이 우주의 진리를 보십시오.

저도 부족한 것이 많기에 항상 이런 생각을 합니다. ''대행(大行)'이라는 이름에 걸맞게 심부름을 온전히 하고 있는가? 사람들을 올바른 길로 잘 인도하고 있는가?'하고 말이죠. 길을 걸으면서도 앉아있으면서도 합니다. 어떤 때는 내 자신을 몽둥이로 때리거나 '너는 벌레와 같다'라고 하면서 질책을 하기도 하고 '너는 참 밝은 보배와 같다'라고 하면서 칭찬을 하기도 합니다. 묵묵히 걸어가다가 어느 나무의 가느다란 가지가 돼 보기도 하면서 이런저런 생각을 하다 보면 빙긋이 웃음이 나올 때도 있고, 나도 모르게 눈물이 주르륵 흐르는 때도 있습니다.

---

17. 윤회(輪廻): 산스크리트의 삼사라(samsara)를 번역한 말로 쉼 없이 돈다는 생사의 바퀴를 뜻함. 다시 말해, 수레바퀴가 끊임없이 구르는 것과 같이, 중생이 번뇌와 업에 의하여 삼계(三界:색계, 욕계, 무색계) 육도(六道: 지옥, 아귀, 축생, 아수라, 인간, 천상)라는 생사의 세계를 그치지 않고 돌고 도는 현상을 일컬음.

themselves. Wherever I've gone, I've seen people blindly following images, titles, or other people.

But that's not what the Buddha taught. The Buddha taught us that the path to truth is within ourselves. Discover your fundamental mind, thoroughly take care of whatever arises, and live a truly worthwhile life. Escape forever from the cycle of birth and death, and as you transcend time and place, perceive the truth of the universe.

Even I'm concerned about whether I'm fulfilling my own role correctly, and living up to my name, "Daehaeng" (Great Actions of a Bodhisattva). While walking or sitting, I often wonder about this. Sometimes I have to push and cajole myself forward. Sometimes I feel like a bright gem. At other times I feel so dissatisfied with the outcomes of my efforts.

Sometimes when I go for a walk, if I see a twig, I become that twig. Sometimes when I think about how people and animals live, I find myself smiling. Other times my eyes are filled with tears.

예전에 선지식들은 풀섶을 지날 때 짚신에다가 방울을 달고 팔자걸음으로 다니셨고, 뇌성벽력이 치고 비바람이 불어도 그냥 드문드문 걸음을 걸었습니다. 그건 풀섶을 다닐 때 작은 생명도 죽이지 않기 위함이었고 또, 움죽거리지 않는 이 마음, 내 근본마음을 항상 무겁게 여기며 걷다 보니 걸음을 드문드문 천천히 걷게 된 거죠.

그런데 그렇게까지는 아니더라도 아무 생각 없이 풍청풍청, 혹은 펄떡펄떡 그냥 사시면 안 됩니다. 여러분도 아시겠지만 그렇게 살다 보면 내가 하루를 어떻게 지냈는지도 모르게 그냥 지내게 됩니다.

그러나 일을 하면서도 깊이 생각하고, 길을 걸으면서도 깊이 생각하고, 차를 타고 가면서도 깊이 생각하고 가시면 이것이 바로 내가 나를 자재하면서, 문란하지 않게 하면서, 두세 살밖에 안 되는 어린 나를 제대로 인도할 수 있게 하는, 나의 뿌리에 물을 주는 그런 행입니다. 물을 잘 주어 나무를 크게 키울 수 있는 겁니다.

The awakened masters of old used to wear bells on their shoes when they walked through forests, and even during heavy rainstorms, they walked slowly and steadily. Why did they do so? They wore bells because they did not want to accidentally kill even a tiny life, and they took steady steps because they were always focused on the unwavering, fundamental mind.

Even though living like that isn't practical for you, you still shouldn't live recklessly. You may already understand this point, but if you live without any kind of self-reflection, the days pass by and before you know it, your time here is finished, and you haven't progressed at all.

So keep reflecting upon your fundamental mind when you are working, taking a walk, or driving somewhere. This will allow you to guide yourself forward, and to act in accordance with the principle of oneness, and to practice diligently. It will allow you to properly guide the version of yourself that's like a two or three year old child.

Practicing like this is the act of watering your root, and makes it possible for you to become a great tree.

오늘은 질문을 받도록 하겠습니다. 그런데 지금 할 질문도 그렇지만 평소에 여러분이 스스로에게 질문을 할 때에도 함이 없이 하셔야 합니다. 질문을 만들어서 하지 말고 내 근본마음에 다 내려놓고 저절로 우러나오는 질문을 하라는 뜻입니다.

어떤 어려운 일이 있을 때에도 내 근본마음에 다 내려놓아 한번 안으로 굴려서 그 일에 대한 해답을 얻으시고, 답을 할 때에도 한번 안으로 굴려서 하십시오. 그렇게 반복하다 보면 불안이 없어지고 침착해지며 경솔하지 않게 됩니다.

어떠한 질문이라도 좋습니다. 만들어서 계획적으로 하지 마시고 그냥 하고 싶은 얘기를 자연스럽게 하세요. 못났으면 못난 대로 말이 어눌하면 어눌한 대로 나처럼 그냥 하세요. 말이 이상하게 나왔더라도 속상해하지 말고 그냥 하세요. 저도 그럽니다.

여기 모인 우리들은 함이 없이 하는 이 도리를 공부하고자 하는 사람들이니까 주저하지 마시고 질문하세요. 여기 한 분 한 분 나오셔서 하시는 질문들은 여기 있는 모두에게 양식이 되고 올바른 길잡이가 될 것입니다.

We haven't often done this before, but let's take questions today. When you ask questions, ask without any thought of asking. That is, don't try to come up with some sort of intellectual question. Instead, return inwardly and then ask the questions that arise from inside.

No matter what kind of problem you face, try to get an answer by first returning it inwardly. Likewise, when you want to say something, first return it inwardly, and then speak. By doing so, your anxiety and any superficiality will disappear, and you'll feel more composed.

Go ahead and ask whatever you want, but don't make up a question. Just ask naturally. Even though you feel like you didn't express yourself well, don't feel bad. Feel free to say anything. That is how I speak.

We're here to learn about entrusting everything about ourselves to our fundamental mind, so just ask without hesitation. If you come forward here and ask questions, those will become spiritual food for everyone's practice and will help guide everyone towards the truth.

어떻게 보살처럼 될 수 있을까요?

질문자 1(여) 제가 절에는 다니는데 사실 아무것도 모릅니다. 그저 일체 중생을 위해 기도한다고 하기는 했는데 과연 제가 그렇게 했나 하는 생각이 듭니다.

그리고 또 기도할 때 **지장보살(地藏菩薩)**[18]만 찾으면 왜 그렇게 마음이 아프고 눈물이 나는지 모르겠습니다. 스님께서는 다 몰락 놔라 하시지만 지장보살만 찾으면 눈물이 이리 나고 마음이 아프니 '내가 지장보살이 어떻게 좀 될 수는 없겠는가?' 하는 생각이 들었다가 '아냐, 내가 무슨 그런 지장보살이 될 수 있겠어' 하는 생각도 듭니다.

큰스님 지금 **보살님**[19]이 말씀한 걸 들어 보면 지장보살의 이름을 부르고 찾으며 기도한다는 거 같

---

18. 지장보살(地藏菩薩): 이 세상의 모든 중생들에게 가르침을 베풀어 극락으로 인도하는 보살. "일체 중생을 제도해 그들이 모두 깨달음을 얻고, 지옥이 다 빌 때까지 결코 열반에 들지 않겠다"는 서원을 세움.

19. 보살님: 마음수행을 하여 부처의 화현인 보살처럼 되라는 의미로 불교계에서 일반 여성 신도를 높여 부르는 말.

How Could I Be Like a Bodhisattva?

Questioner 1 (female) I have been praying for all sentient beings, but I wonder if I have been practicing correctly. Although you tell us to let go of everything completely, whenever I recite the name of *Ksitigarbha Bodhisattva*,[23] my heart aches and my eyes fill with tears. Sometimes I ask myself, "Could I become Ksitigarbha Bodhisattva? No, how could I?"

Kun Sunim You said that you often seek out Ksitigarbha Bodhisattva. However, you should know that Ksitigarbha Bodhisattva is not the essence of Buddha. It is just a name. "Buddha-nature" is a name. "Ksitigarbha" is a name, and

---

23. Ksitigarbha Bodhisattva(地藏菩薩)**:** The guardian of the earth who is devoted to saving all beings from suffering, especially those beings lost in the hell realms.

은데 지장보살은 이름일 뿐이에요. 불성이라는 것도 그렇고 지장보살도 그렇고 **주인공**[20]도 그렇습니다. 필요에 따라 이름을 붙여놓은 것뿐입니다.

    보살님이 만약 지장보살을 위대하게 이렇게 위에다 놓고, 바깥에다 놓고 찾는다면 그거는 망상입니다. 헛된 것입니다. 그렇게 하다 보면 머리가 크게 잘못되는 수도 있어요. 지장보살이란 것은 내 마음 속의 **무명(無明)**[21]에 묻혀 있는 보배를 말하는 겁니다. 바로 불성을 말하는 것이니 바깥으로 찾으려는 생각을 아예 하지 마세요.

---

20. 주인공(主人空): 우리 모두 스스로 갖추어 가지고 있는 근본마음으로 일체 만물만생의 근본과 직결된 자리. 나를 존재하게 하고, 나를 움직이게 하며, 내 모든 것을 관장하는 참 주인이므로 주인(主人)이며, 매 순간 쉴 사이 없이 변하고 돌아가 고정된 실체가 없으므로 빌 공(空)자를 써서, 주인공(主人空)이라 함.

21. 무명(無明, avidya): 사성제(四聖諦)(고(苦)·집(集)·멸(滅)·도(道))의 진리에 통달하지 못한 마음의 상태로써, 무지(無知), 어리석음, 지혜가 없음을 뜻하며, 이로 인해 진리를 바로 볼 수 없게 되고, 생로병사(生老病死)에서 비롯되는 모든 고통과 번뇌의 근원이 됨.

"*Juingong*"[24] is also a name. These names were given according to the needs.

If you think that Ksitigarbha is great and superior to you and that you can find Ksitigarbha outside of yourself, then this is a delusion. It's completely useless. If you seek outside of yourself, you may also develop some severe psychological problems. Ksitigarbha refers to the treasure within you, the Buddha-nature that is hidden by *ignorance*.[25] Therefore, never seek it outside of yourself.

This Buddha-nature can be called by many other names according to the need of the situation. It can be called "the fundamental mind" or "Juingong."

---

24. Juingong (主人空, [Ju-in-gong]): Pronounced "ju-in-gong." Juin(主人) means the true doer or the master, and gong(空) means empty. Thus, Juingong is our true nature, our true essence, the master within that is always changing and manifesting, with no fixed form or shape.

Daehaeng Sunim has compared Juingong to the root of the tree. Our bodies and consciousness are like the branches and leaves, but it is the root that is the source of the tree, and it is the root that sustains the visible tree.

25. Ignorance (無明): In Buddhism, "ignorance" literally means darkness. It is the unenlightened mind that does not see the truth. It is being unaware of the inherent oneness of all things, and it is the fundamental cause of birth, aging, sickness, and death.

다시 말하지만 불성은 용도에 따라 이름이 많아요. 근본마음이라고도 하고 주인공이라고도 하죠. 아까도 얘기했듯이, 지수화풍이라는 이 집에서 만물만생이 다 같이 하나가 되어 돌아가고 있습니다. 풀 한 포기, 곤충 한 마리도 빠지지 않고 한마음으로 돌아가고 있습니다. 각자의 주인인 불성, 근본마음이 있어 서로 직결되어 있기에 그런 겁니다. 여러분들의 의식도, 악업 선업도 거기 다 한데 뭉쳐 돌아가고 있습니다. 그렇게 모든 게 둘 아니게 돌아가고 있음을 아셔야 해요. 그리고 이렇게 하나로 돌아가게 하는 이 모든 것의 중심인 불성, 내 주인공이 내 안에 있음을 아셔야 해요.

그걸 어떤 위대한 '지장보살'이라고 여기며 그렇게 찾아대고 바깥으로 끄달리면 참나인 내 주인공, 근본마음을 발견할 수도 없거니와 보살님 자신과 가정을 지키지도 못합니다.

As I said earlier, everything functions as one within a house made of earth, water, fire, and air. Every blade of grass and every single insect is included in this functioning of one mind, because everything is connected through this Buddha-nature, this fundamental mind. Your consciousness as well as your good and bad karma also function together with your Buddha-nature. Know that everything functions together, nondually like this. And don't forget that this center that connects everything, exists within you.

So stop trying to seek Ksitigarbha outside of yourself. Stop letting yourself be drawn outwardly. Otherwise, you won't be able to discover your true self, nor will you be able to properly take care of yourself or your family.

When I was in New York the last time, people were enjoying asking all kinds of questions. Someone even asked, "Do we live to eat or do we eat to live?" Someone else grumbled that they were wasting time with silly questions, but I didn't mind because it indirectly brought up an important point.

I held up my glass of water as an example. If you're hot and thirsty, you open the refrigerator

지난 번에 뉴욕에 갔을 때 질문을 받아보니까 모두들 너무도 거침없이 신랄하게 잘 하시더군요. 어떤 분이 "먹기 위해서 삽니까? 살기 위해서 먹습니까?"라는 질문을 했는데 옆에 사람들이 질문 같지도 않은 질문을 한다고 나무랐죠. 하지만 그렇지 않습니다.

이 컵의 물을 예로 들어보겠습니다. 정말로 목말라서 죽겠으면 그냥 물부터 마십니다. '이 물을 내가 먹기 위해서 사나 살기 위해서 먹나?' 하는 이런 생각들은 이차적으로 하는 거지요. 진짜 목마르면 그냥 마시는 거예요. 이 공부가 바로 그런 겁니다. 이것 저것 따질 게 없어요.

and go straight for the cool water. When you are dying of thirst, do you first ask yourself whether you drink water to live or live to drink water? No, of course not. When you're thirsty, you go straight for the water. This is also how we should practice relying upon our fundamental mind.[26]

---

26. Relying upon our fundamental mind: Trusting and relying upon our fundamental mind is the essence of spiritual practice and growth in all Daehaeng Kun Sunim's teachings. It's the foundation of all spiritual progress. We all have this Buddha-nature, this original face, this inherent mind, and, in fact, everything in our life revolves around it.

When teaching people about spiritual practice, Daehaeng Kun Sunim always emphasized that the very first step was just being aware that we all have this inherent nature. The next step was trying to rely upon it. This means taking what's confronting us, what's arising in our life, and doing our best to entrust that to this fundamental essence and then to let go of it.

As we entrust something, we let go of it and just be aware, observing what's going on, without trying to watch too closely and see what happens. As we keep working at this, we'll get experiences, times when everything seems to just click into place. We will experience times when we truly let go unconditionally, without a lot of "I" or "me," letting this inherent Buddha-nature take care of what we entrusted. As we see it working, as we experience this for ourselves, our faith in it naturally becomes deeper, and we are better able to entrust more and more.

This practice of relying upon our fundamental mind, our Buddha-nature, is a self-correcting path that seems narrow in the beginning, but which eventually becomes a great highway.

여러분들도 의정나는 게 있으면 질문해 보세요. 몰라서 질문할 수도 있고 아시면서도 확인차 질문해 보실 수 있죠. 본인에게도 도움이 되겠지만 다른 사람들에게도 수행에 좋은 계기가 될지 모릅니다.

아까 전력 얘기 했었죠. 보이진 않지만 그 힘과 역할을 모르지는 않을 겁니다. 사람들은 책을 읽을 때 글이 써져 있는 그 백지 생각은 안 하고 글자만 들여다보고 따지죠. 그래서 마음 속에 있었던 이런 질문들을 서로 해보는 게 참 좋은 거 같아요.

사바세계의 뜻은 뭔가요?

질문자 2(여) 스님을 이렇게 뵙게 돼서 감사합니다. 제가 불교를 믿은 지는 한 12년 되었습니다. 여쭤보고 싶은 것은 사바(娑婆)세계에 관한 것입니다. 사바세계가 어떻게 생겼는지 무엇을 사바세계라고 하는지 알고 싶습니다.

That said, there is nothing wrong with whatever you ask. Go ahead and ask about the things you don't understand. But it's also okay to check your understanding, to ask about what you understand, because your question may help other people.

To go back to what I was saying about electricity — even though it is unseen, people are aware that it's there, functioning. But, when people read books, they tend to get caught up in the words themselves, without thinking of the blank paper underneath. So let's ask questions in order to understand the blank paper.

What Does the Expression "The Saha World" Mean?

Questioner 2 (female) I'm so grateful to be able to meet you today. I've been a Buddhist for twelve years. I would like to ask you about a term I've heard a lot about. What is the Saha world, the Sahalokadhatu?

큰스님 사바세계요? 지금 보살님이 살고 계신 데가 사바세계입니다. 하하하. 지금 우리가 앉아 있는 이 자리가 사바세계예요. 보살님이 알기 쉽게 말하자면 동서남북이 사바세계입니다. 우리 인간들이 살고 있는 이 세계요.

여러 가지 말로 표현될 수 있겠지만 그것도 다 우리가 사는 이 세계를 말하는 거지 어디 딴 데를 말하는 게 아닙니다. 중요한 것은 사바세계가 뭐냐가 아니라 이 사바세계에서, 우리가 이 세상을 살면서 부처님의 가르침을 얼마나 잘 이해하고 내 스스로를 얼마나 올바르게 잘 이끌어 가느냐에 있습니다.

내 주인공이 내 안에 있으며 바로 그것이 나를 미생물로부터 인간으로까지 진화시키고 존재하게 했음을 굳게 믿어 흔들림없이 똑바로 가십시오. 그래야 내 자신은 물론 내 가정과 나의 후손들을 평안히 이끌 수 있습니다. 우리가 어떻게 해야 영원히 윤회에 끄달리지 않으면서 자유스럽게 살 수 있을까를 깊이 생각하시면서 가세요.

Kun Sunim The Saha world is the very place where you are living right now – the world we human beings live in. This place where we are sitting is the Saha world. To explain it another way, north, south, east, and west are all the Saha world.

There are lots of different ways the meaning of Saha world can be expressed. It is the world we live in, not somewhere else. The important thing is not what Saha world means but how well we understand Buddha's teachings and how well we are able to guide ourselves while living in this world.

Go forward without wavering, having strong faith that your true self, Juingong, exists within you and is the source of yourself. It's this true self that has been guiding you forward and causing you to grow. It's guided you since before you were microbe up until now. By relying upon this foundation of yourself, you can wisely guide yourself, your family, and your descendants. Think deeply about what you should do in order to be able to live freely, without ever being trapped again in the cycle of birth and death.

깨달았다고 하는
다른 사람의 주장에 사로잡히지 마세요

질문자 3(남) 스님을 뵙기 전까지만 해도 저는 부산에 있는 대순진리회 종단에서 여러 가지 교리와 주문 수행을 했습니다. 거기에는 상생과 해원이라는 교리가 있습니다. 상생이란 나를 살리고 남도 살리는 것으로 불교에서 말하는 어떤 미물까지도 살리면서 나도 산다 하는 그런 거고, 해원이란 유사이래 구천에 사무쳐 있는 인간의 한까지도 풀어 준다는 것입니다. 지금 살아있는 모든 생명뿐만 아니라 우리 눈에 보이지 않는 세계의 원까지도 풀어 준다는 겁니다. 또 거기에서는 하늘이 구천으로 이루어졌는데 불보살들은 칠천에 살고 있다고 합니다. 그리고 강증산이란 분이 1883년에 전라도에서 태어나서 약 40년간 도를 펴시다가 열반을 하셨는데, 그 분은 지금 최고로 높은 구천 즉 하늘의 꼭대기에 있다고 합니다.

제 생각은 이렇습니다. 물은 100°C에서 끓기 시작하는데 99°C까지는 아무 변화가 없지만 99°C에서 100°C로 넘어가는 그 1°C의 순간에는

Don't Get Caught Up In Other's Claims of Spiritual Power or Enlightenment

Questioner 3 (male) Until I met you, I had practiced the teachings and mantras of *Dae Soon Jili Gyo*.[27] Some of its teachings are about living an altruistic life and dissolving resentments. Altruistic living means saving myself and others, which seems similar to the teaching of Buddhism: Saving other beings is the same as saving myself. "Dissolving resentments" refers to the resentments that people have made since the beginning of mankind, and the resentments that have permeated even heaven. It means saving not only all the living beings in the present, but also dissolving the resentments that exist in the invisible realm.

Also, they said that heaven consists of nine realms, and that Buddhas and Bodhisattvas reside in the seventh heaven, while the founder of this movement resides in the ninth heaven, the highest of all.

---

27. Dae Soon Jili Gyo: This is one of the new religions that have arisen in Korea during the last century.

굉장히 많은 변화가 일어나는 것처럼 이 세상도 그럴 거라고 말입니다. 불타께서 옛날에 말씀하시길, "내 법이 약 2300년 후가 되면 나를 믿고 따르는 자나, 나를 믿지 않는 자나 모두가 나를 배신…."

큰스님 이거 봐요. 질문이 뭔지 모르겠어요. 지금 설법을 하는 건지 질문을 하는 건지도 모르겠고요. 어찌 됐건 학생이 말하는 그분이 천상에 있다고 하더라도 '있다' 하면 벌써 없는 거가 돼요. 천상이 천상이 아니고 천지가 천지가 아닙니다. 하늘과 땅이 따로 있는 게 아니에요. 우리 마음에 달려있는 겁니다.

그리고 그렇게 '구한다, 구한다' 하는 사람은 구하지를 못해요. 구한다고 하는 말은 벌써 이차적인 거지요. 자식이 물에 빠지면은 말할 사이도 없이 "아이구, 아무개야!" 하고선 그냥 탁 뛰어듭니다. 누군가를 구한다는 건 그렇게 말이 필요없이 그냥 하는 겁니다. 말을 수차 해 봤자 그건 이론에 불과한 거예요.

Kun Sunim Look, in a nutshell, if they say that he is in heaven, then he is not there. Heaven is not heaven, and the earth is not the earth. Heaven and the earth do not exist separately. Everything depends upon our minds.

People who say that they have the ability to save others cannot actually save anyone. People who can truly save don't talk about it. If your son were drowning now, you'd dive straight in and save him, right? You wouldn't waste time talking about it. You'd just do it without saying anything, without any thought of "I will" or "I did." Even though someone talks again and again about saving people, those words are all just theories.

So instead of relying upon other people's power, know yourself first. Even if Shakyamuni Buddha were here right now, don't place your faith in his physical form. Place your faith in your own fundamental mind. Do this and discover it, awaken, attain wisdom, and save the lives within your own body. When you can do this, you will also be able to save the lives outside of your body.

그러니 그런 거에 마음쏟지 말고 당신 자신부터 아십시오. 지금 내가 석존(釋尊)이라 할지라도 내 이 몸뚱이를 믿지 말라 이겁니다. 자기 주인공, 내 근본마음을 믿어 그것을 발견하고 스스로 물리가 터져 지혜를 구하여 자기 몸뚱이 속에 있는 중생부터 제도하십시오. 그래야 외부의 다른 중생들도 제도할 수 있습니다. 만물만생은 근본마음을 통해 다 연결되어 돌아가는 거니까요. 안 그렇습니까?

질문자 3 네.

큰스님 바로 나부터 알아야 하는 거예요. 학생이 없다면 상대가 어디 있고 대순진리가 어디 있겠습니까? 천상에 누가 있고 어디에 누가 있다고 하는 그런 말에는 끼고 싶지 않아요. 남의 소견으로 있다, 없다 하는데 내가 거기다 대고 뭐라 말하겠습니까? 있다면 있는 거고 없다면 없는 거죠. 단 하나 말하고 싶은 것은, 학생이 자기 자신부터 알아야 그 대순진리의 이치도 알거니와 그 분이 천상에 있는지 없는지도 알 거란 얘깁니다.

This is possible because everyone and everything is connected through the fundamental mind and functions together.

Questioner 3 Okay.

Kun Sunim You must know yourself first. If you didn't exist, could others exist? Could Dae Soon Jili exist? Could there be a theory that someone is in heaven? It doesn't matter to me whether they say someone is in heaven or not. That's their opinion. However, what I want to say to you is that only after you discover your true self will you be able to know the principle of Dae Soon Jili Gyo and whether he really is in heaven or not.

So telling people things like, "Place your faith in me, I'll save you. I'm a heavenly being," is inexcusable.

"내가 천상에 있느니라. 내가 중생을 제도하니 날 믿어라."라는 이런 말은 난 못해요. 모르는 사람들을 잘 가르쳐줘서 올바르게 길을 가도록 해 주는 게 내가 해야 할 일이고 심부름이라고 생각합니다. 그저 어떻게 하면 이 법계에 누가 되지 않게 할 수 있나 이것뿐입니다. 그러니 학생도 그런 말에 혹하지 말고 먼저 자기 자신을 발견하고 체험해 가며 공부해 보세요.

질문자 3 네, 저부터 알겠습니다.

큰스님 그래요. 학생한테 좀 과하게 얘기한 듯해서 미안하네요. 허허.

무명이란 것이 무엇인가요?

질문자 4(남) 오늘 처음으로 스님을 뵙습니다. 영광으로 생각합니다. 마음에 간직하고 있던 의문을 하나 풀어 주십사 하고 나왔습니다. 모든 번뇌의 근원이 무명이라 그러셨는데 이 무명이라는 게 뭔지 도무지 모르겠습니다. 가르침을 주시면 감사하겠습니다.

For me, my job is giving people the tools to find their own way forward. And to do so on a path that will grow ever wider, not one that will come to a dead end. I'm just trying to adequately run errands on behalf of the whole. So, my hope is that you will know yourself first, and go forward putting your experience into practice.

Questioner 3 Okay, I will try to know myself first.

Kun Sunim Good. I'm sorry if I seemed a bit harsh.

What is "Ignorance"?

Questioner 4 (male) It is an honor to meet you today for the first time. I've had a question in my heart for a long time, and I hope you can answer it. You told us that the source of all afflictions is ignorance. But I am not sure what ignorance means. I'd be grateful if you would explain this for me.

큰스님 이해하시기 쉽게 예를 하나 들지요. 임신이 되기 위해서는 정자와 난자가 한데 모입니다. 아이가 만들어지기 위해서는 이런 물질적인 것뿐만 아니라 마음이 한데 합쳐지게 되는데 이렇게 어우러진 걸 삼합이라고 합니다. 이런 과정을 거쳐 몸 하나를 얻어 가지고 나왔다 하면 그게 무명입니다. 무명의 시작이 되겠죠.

새 생명 안에는 수억겁을 살아 오면서 쌓였던 모든 악업, 선업이 한데 합쳐져 있는데, 그건 삼합에 이미 그러한 업식이 관여돼 있기 때문입니다. 그래서 몸 하나를 얻어 가지고 나왔다 하면 무명의 시초가 되는 거고, 그렇게 업식을 갖고 나오게 되니 불성인 참나를 보지 못해 중생이라고 하는 겁니다.

제가 모자라서 제대로 설명을 잘 해드렸을지 모르겠지만 잘 생각해 보셔서 내가 '바담 풍' 하더라도 선생님은 '바람 풍' 하고 알아들으시면 감사하겠습니다. 그러면 됩니다. [잠시 말씀을 멈추시고] 이렇게 이심전심으로 통하면 얼마나 좋습니까?

Kun Sunim I'll give you an example. In order for a pregnancy to occur, sperm and eggs are not enough. There must also be Buddha-nature, this fundamental mind, but with it comes all of the karmic states of consciousness that we've created.

All of those good and bad karmic states of consciousness that we've created in our past lives gather as that new body. They are recorded within as part of the process of obtaining a new body, so it's sometimes said that our birth is the beginning of ignorance. It's because of the functioning of these karmic states of consciousness that people don't see their true self, and so are called unenlightened beings.

Even though I do not explain things well or I mispronounce some words, please understand what I meant to say! [Audience laughs.] How wonderful it would be if we could all communicate through mind!

어떻게 해야 친구가 절에 다니게 할 수 있을까요?

질문자 5(남) 저는 불교에 입문한 지가 오래됐는데 같이 열심히 공부하던 한 도반이 선교 쪽으로 갔습니다. 그 친구가 많은 중생들을 제도할 수 있는 능력도 있는 사람이고 해서, 큰스님의 법문을 듣고 이리로 오면 좋겠다는 생각에 제가 자꾸 뭐라고 하다 보니, 이따금 술을 한잔 먹게 되면 좋은 의미에서 많이 다투게 됩니다.

또 저는 아침이나 저녁에 잘 때마다 기도를 합니다. '대자대비하시고 거룩하신 부처님! 그리고 생불이신 우리 큰스님! 간절한 한마음으로 발원합니다. 오늘 하루도 부처님의 가피에 힘입어 감사하는 마음, 보은하는 마음으로 조화를 이루는 생활을 하게 하소서. 그리하여 우리 큰스님께서 항상 말씀하시는 주인공, 즉 참나를 체득하고 자각할 수 있게 하시어, 저희 가정은 물론 저와 만나는 모든 중생들을 제도할 수 있는 힘을 지니게 해 주소서'라고요. 이 기도를 하루에 두세 번씩 하면서 되도록이면 참나인 주인공을 발견하려고 애를 씁니다. 그런데

How Can I Get My Friend to Come to the Temple?

Questioner 5 (male) I've been studying Buddhism for a long time, and recently one of my friends converted to a form of Daoism. When we meet and have a drink, we often argue with each other. I think he would be able to help many people if he were to learn your teachings, so I usually try to talk him into coming to the *Seon*[28] Center. So we often have friendly quarrels.

Every morning and evening, and every night before I go to bed, I pray, "Oh, great, holy, compassionate Buddha and our Kun Sunim, the living Buddha! I am filled with deep gratitude. Through the Buddha's compassion, let me have a grateful mind and repay the kindnesses done to me and let me lead my life harmoniously. Through this let me know and experience my true self, Juingong, so that I can help other sentient beings as well as my family." I pray and chant this three

---

28. Seon (禪) **(Chan, Zen):** Seon describes the unshakeable state where one has firm faith in their inherent foundation, their Buddha-nature, and so returns everything they encounter back to this fundamental mind. It also means letting go of "I," "me," and "mine" throughout one's daily life.

도저히 그게 되질 않아요. [대중 웃음] 그래서 그 친구한테 그런 얘기를 했지요.

큰스님 하하하

질문자 5 그랬더니, 그 친구가 "왜 너는 큰스님이나 불상에 대고 절을 하고 쓸데없는 짓거리를 하느냐? 바로 그것이 우상 숭배 아니냐? 자네는 남이 그렇게 하는 걸 보고 우상 숭배라더니 왜 너가 그러느냐." 이러는 거예요. 그러면 저는 "큰스님한테 절을 하는 게 왜 우상 숭배냐? 스님은 살아계신 부처님이시지 우상이 아니다. 나는 우리 집에서 절하기도 하고 걸어 다니면서 하기도 한다."라고 하면서 싸웁니다.

그런데 그 친구가 "그게 잘못이야, 자네 그거 우상 숭배니까 한 번 큰스님을 만나 뵙거든 불문곡직하고 한 번 여쭈어 봐라." 이러는 겁니다. 말이라는 게 한 번 사람을 거치면 괴리가 생겨서 안 묻는 게 낫지 않을까 하는 고민도 있었지만, 내가 간곡히 묻는다면 진짜로다가 뭘 가르쳐 주실 거라는 친구 말에 용기 내어 여쭤보기로 했습니다.

times a day while trying to find my true self, Juingong. But it doesn't seem to work. [Audience laughs.]

Kun Sunim [Laughs.]

Questioner 5 I mentioned this to my friend, and he said, "Why do you trouble yourself by bowing to Kun Sunim or the Buddha statue? Isn't that idol worship? You yourself have criticized others for behaving like that!" So I replied, "How can it be idol worship to bow to Kun Sunim? She is a living Buddha, not a statue. I bow to Kun Sunim at home and even while walking."

He said again, "If you think so, you're badly mistaken. That's idol worship. Go and ask Kun Sunim whether or not you're practicing correctly. Ask her." We argued about this a few days ago.

큰스님 오늘 질문답을 하기로 한 것이 참 잘했다고 생각합니다. 이제 다음 법회부터는 문답으로 항상 이렇게 진행합시다.

오늘 말씀하신 것은 그 친구분이 옳다고 생각합니다. 제가 항상 말씀드리죠? 어떤 것에도 굴하지 말고, 맹신하지 말고, 노예가 되지 말라고요. 나를 받들어 모신다는 생각으로 나한테 절하지 말라고요. 여러분이 절하는 게 나한테 하는 게 아닙니다. [불상을 가리키신 후] 저기 부처님한테 절하시죠? 절은 여러분이 여러분한테 하는 겁니다.

저 형상이 내 형상이고, 저 마음이 내 마음이고, 저 생명이 내 생명임을 알고 일 배(一拜)를 올리면, 그 일 배가 천 배도 되고 만 배도 되는 것입니다. 내가 올린 삼정례(三頂禮)가 일 배가 되고 또 그 일 배가 칠정례(七頂禮)가 될 수 있는 거지요. 일체가 근본마음을 통해 하나가 되어 돌아가는 이 이치를 진정으로 알게 되면 모든 게 자유스럽게 됩니다. 내가 마음을 어떻게 내느냐의 문제죠.

Kun Sunim Today's questions are raising so many important points. Let's make sure that in the future there is always time for questions after the Dharma talks.

I think your friend is right. Haven't I said these things many times already? Never abandon your upright center. Don't blindly believe in things or let yourself become a slave. And don't bow to me with the idea that you should worship me. When you are bowing, you are not bowing to me or to the Buddha [pointing to the Buddha statue], but to your own self.

I've always told you that the Buddha statue is your own image; that the Buddha's mind is your mind, and that your own life is the Buddha's life. When you understand this, your one bow can become ten thousand bows. Your three bows can become one bow, and that one bow can become seven bows. Everything is connected through this fundamental mind and functions as one — when you truly understand this, you'll be able to take care of anything without the least hindrance. It depends entirely upon how you use your mind.

So, don't pray to me. If you raise something up and pray to it, it becomes a thing apart from

기도도 마찬가지입니다. 나한테 할 게 아닙니다. 어떤 대상을 놓고 기도를 한다면 벌써 둘이 되니까요. 참나인 내 주인공을 믿고 거기에 다 내려놓아 하나가 되게 하세요. 그 사람이 오든지 안 오든지 거기 맡겨놓으세요. 여기 오시는 건 선생님이 좋아하는 것이지 그 친구분이 좋아하는 게 아닙니다. 안 그렇습니까?

모두가 자기 마음이 편한 대로 길을 가는 겁니다. 각기 차원이 다른 것이죠. 요 컵은 요 컵만큼의 물을 담으면 되는 거고 드럼통은 그 드럼통만큼의 물을 담으면 됩니다. 바다는 얼마만큼의 물이 들어가도 다 받아들일 수 있겠죠. 모두가 그릇대로 사는 겁니다. 상점에 가보면 컵은 컵대로 놓여 있고 사발은 사발대로 놓여 있고 접시는 접시대로 놓여 있지요? 우리 사람도 그렇게 모여 살고 있습니다.

이치가 그러하니 만약 친구를 선생님의 바램처럼 인도하고 싶다면 그냥 싱긋이 웃으면서 '내 주인공은 모든 것을 알고 있겠지. 저 친구도 내 주인공만이 이끌어 갈 수 있어. 내 주인공과 저 친구의 주인공이 둘이 아니니까 다 통할거야' 이렇게 편안하게 놓으세요.

yourself. Have faith in your true self, Juingong, and entrust the situation with your friend to it. Don't get caught up in whether or not he comes here. You think that it would be good, but he obviously doesn't want to come, does he?

Each person follows the path that seems best for them, because each person's level is different. Now, [holding up a glass of water] this glass can hold no more than a glassful. Even a barrel can hold no more than a barrelful. However, look at the ocean. It holds all the waters of the sea, and still it can receive everything that comes to it.

Like this, everyone is living according to their own capacity, and every single thing has value and its place. When you go to the store, you can see that cups are displayed with cups, bowls are displayed with bowls, and plates are displayed with plates. This is also true of human beings.

Because things work this way, if you truly want to guide your friend, just smile and let go of the situation with a calm mind, knowing, "My Juingong understands everything, and can guide my friend. Since my Juingong and his Juingong are not separate, everything can be communicated through this foundation."

어디다가 대고 절하고 빌고 그러지 마세요. 집에 불상 모셔놓고 절하거나 물을 떠 놓고 빌거나, 향, 초 켜 놓고 빌지도 마세요. 내 근본마음을 믿어 모든 게 하나가 되도록 그 안에 놓지 못하면서 그렇게 하면 그건 귀신 짓 하는 거예요. 사람들은 그런 귀신 짓 하던 습이 있어서 그런 걸 하지 않도록 노력해야 되는데 만약 그렇게 계속하게 되면 죽은 뒤에도 귀신 짓을 하게 돼요. 그렇기 때문에 자식 잘 되라고 비는 것도 되레 자식들한테 손해 가게 하는 거예요.

그러니 어떤 문제가 생기거나 원하는 게 생기면 그냥 그 자체를 아주 싹 놔 버리세요. 믿음으로 내 근본마음에 맡겨 놓는 행(行)을 하세요. 그러면 맡겼던 게 슬며시 돌아와요. 계속 그렇게 하다 보면 그 친구도 언젠간 "나도 한번 가 보고 싶은데 동행해 주지 않겠나?" 하고 자연스레 물을 날이 올 겁니다. 그렇게 스스로 우러나와야지 강요해서 되는 게 아닙니다.

Don't pray to certain places or things. You shouldn't place a Buddha statue in your house and bow to it, nor should you place a bowl of water, incense, and candles in front of it and offer up prayers. You need to have faith in your fundamental mind and become one with whatever you're going through.

Otherwise, you'll reawaken old habits of desperately seeking something outside yourself. If you want to grow, you need to be working hard at not doing this. But if someone instead feeds those habits, they become patterns that will trap people even after death.

The stronger these habits become, the harder it is to become one with whatever you face, and without your own firm center, you become more easily seduced by outside voices. This is why even something like praying for your child's wellbeing or success will instead end up as something that stunts their growth.

When there's something you have to take care of, or something you want, completely release it. With faith, entrust it to this fundamental place. Then what you've entrusted will silently manifest

우리가 여기 모인 것도 공부하고자 하는 마음이 스스로 들어 모인 거지 강제적으로 모인 게 아니지 않습니까? 예전에 어떤 사람이 죽을 때 돈을 가지고 가려고 하니까 돈이 그러더랍니다. "네가 나를 좋아해서 쫓아다녔지 내가 너를 좋아해서 쫓아다닌 게 아니다. 그러니까 너를 쫓아갈 수 없다."라고요. [대중 웃음] 이런 것처럼, 특히 이런 공부는 강요한다고 되는 일이 아닙니다.

내가 자동차라면 그 차를 끌고 가는 건 운전수입니다. 운전수를 믿고 맡기세요. 기름이 부족하면 기름을 넣는 것도 운전수입니다. 그냥 믿고 맡기십시오. 편안하게 놓으세요. 그러면 아마 공부 길이 아주 탁 트일 겁니다.

아, 이런 날은 얼마나 좋은지 몰라요. 사람이 살다 보면 곤궁하게 사는 날이 많은데 오늘 이렇게 앉아 서로 질문도 하고 토론도 하니 좀 좋아요?

into the world. For example, one day your friend may say, "Hey, why don't we go to your temple?" Everything should be done naturally like this, without forcing it.

We gathered here voluntarily. Nobody forced us. You came here because you wanted to come here and practice, right? Long ago, a dying man wanted to take his money with him. Just then, the money said, "You spent your life following me because it was you who loved me. It wasn't I who loved you, so I'm not going to follow you now." [Audience laughs.] Issues of truth and faith, in particular, cannot be forced.

Think of a car, it's the driver who causes the car to move and determines the direction, right? So believe in your driver, your fundamental mind, and entrust everything to it. When the car is short of gas, it is the driver who adds more. Have faith in the driver and just peacefully release everything. Then your practice will be well on its way.

How wonderful it's been to be here with you! There are so many difficult things in life, so isn't it nice that we sit together like this, and discuss and exchange ideas about how to grow and find our way forward?

어떻게 해야 제 근본마음에 대한 강한 믿음을 키울 수 있을까요?

질문자 6(남) 스님을 직접 뵙는 것은 오늘이 처음입니다만 스님의 설법 책인 『무(無)』와 『영원의 오늘』을 통해서 스님과 많은 대화를 했습니다. 스님께서 일체를 놓으라고 하셨는데 저는 스님의 책을 읽는 순간부터 계속 놓아갔습니다. 그리고 그렇게 놓다 보니까 근본적으로 놔야 될 거는 결국 어떤 하나하나의 사건이 아니고 나 자신임을 느꼈습니다. 그런데 그걸 놓아야 한다는 걸 생각하니까 오히려 자꾸 더 붙들고 있게 되더라구요.

어쨌든 제가 그럴려고 노력을 해서 그런지 스님께서 쓰신 책은 반복해서 읽을 때마다 느낌이 다르게 오더군요. 그래서 '이 책을 계속 읽으면 스님께 일부러 여쭙지 않아도 내 스스로 주인공을 터득할 수 있지 않겠는가' 하는 생각이 들었습니다. 하지만 오늘 스님을 뵙고 보니 그래도 질문을 해야겠다 싶어서 나왔습니다. 제가 왜 '나'를 놓는 게 안 되는가는 알고 있습니다. 제 스스로 믿음이 약하기 때문에 그렇다고 생각하는데 스님께서 믿음을 강하게 하는 길을 좀 일러주시면 고맙겠습니다.

How Can I Develop Strong Faith in My True Nature When I Haven't Yet Awakened?

Questioner 6 (male) This is my first time meeting you in person, but I have learned a lot through your books, *Nothingness* and *The Eternal Today*.[29] You told us to let go of everything, and I've tried to apply what I understood from the books. As I worked at letting go, I realized that I should be letting go of not just certain events but myself as well. But the thought of letting go of myself made me cling to myself more.

I've tried to do what you taught, and I noticed that when I read your book again, I picked up on different things and my understanding deepened. It felt like repeatedly studying your books can lead me to awaken to Juingong, this fundamental mind, without me needing to speak to you.

But today, I am here and decided that I should check with you. I seem to have a hard time letting go of myself, and think it's because I don't have complete faith in my fundamental mind. Would you tell me how I can have that strong faith?

---

29. *Nothingness*(무) and *The Eternal Today*(영원의 오늘): Theses are two Korean-language books that contain, respectively, stories about Daehaeng Kun Sunim and her Dharma talks.

큰스님 참 좋은 질문을 해 주셨습니다. 여기 계신 다른 분들에게도 도움이 많이 될 것 같습니다. 내가 사람들한테 일체를 놓아야 한다고 했을 때, 다 놓으면 어떻게 사냐고 묻는 사람이 있는가 하면, 지금 선생님같이 놓으면 놓을수록 쥐고 있게 된다는 분들도 계십니다.

그렇다면 선생님이 한번 생각해 보세요. 조금 전에 저한테 질문하신 그 말씀을 내놓으라면 내놓으실 수 있으시겠습니까? 없죠? 그겁니다, 바로! 우리는 이처럼 그대로 놓고 가는 겁니다. 그런데 사실 애초에 들고 있을 게 없어서 뭘 놓고 가고 할 것도 없어요.

그런데 누군가 참나가 있음을 알려주고 그걸 내가 믿고 간다 해도 이 수행이 보통 힘든 게 아니에요. 진리를 알려준 사람이 원망스러울 정도로요. 그래서 여북하면 예전에 어떤 사람이 "석가모니 부처님이 천상천하 유아독존이라고 안 그랬다면, 둘러보지 않았다면, 일곱 발자국을 떼지 않았다면, 이런 풍파가 벌어지지 않았을 것을…. 내가 그 당시에 있었더라면 죽여서 개나 줘 버렸을 것을…."이란 말도 했겠습니까?

Kun Sunim That's a great question. It will be very helpful to others here. When I tell people to let go of everything, some of them ask how they could manage their daily life if they let go of everything, and others said that the more they tried to let go, the more they held on.

Now let's give that a thought. Can you go back and find the sounds you spoke to me a few moments ago? Is there anything left behind for you to see? No! That's it. We just naturally go forward like this, letting go of everything. In fact, there's inherently nothing to hold on to, and so there's ultimately nothing to let go of.

This is easy to say, but hard to do. Someone once bitterly complained about how hard it is to let go, saying, "If the Buddha hadn't said that throughout the heavens and the earth there is nothing that is not this precious true self, if he hadn't looked in all directions, if he hadn't taken seven steps, I wouldn't have gone through all this hardship. If I'd been there, I would have killed the Buddha and left his body for the dogs!"

그러니까 다시 말해 우리는 내놓을 수 없는, 애초부터 쥐고 있을 수 없는 찰나의 생활을 하고 있는 거예요. 여러분이 좀 전에 자식을 만났어도 그건 이미 가버린 겁니다. '놔 버렸다', '놓고 갔다' 하는 것도 말인 거지 사실 잡고 있을 게 없기 때문에 놓고 갈 것도 없는 겁니다. 붙들고 있을 것도 놓을 것도 없이 그냥 흘러갈 뿐입니다.

옛날에 한 선사가 이런 말을 했어요. "파도 아니 되고 안 파도 아니 되느니라. 너는 인사를 해도 아니 되고 안 해도 아니 되느니라. 그렇다면 거기에 톡톡한 무언가가 있을 터인데 그 도리가 무엇인고?"라고요. 또 어느 선사는 "거기에는 들어가도 삼십 방망이, 나가도 삼십 방망이를 때리는 톡톡한 그 무엇인가가 있을 텐데 그게 무엇인가?"라고 했습니다.

이런 이야기도 있어요. 옛날에 한 제자가 스승에게 "부처님이 어디 있습니까?" 하고 물었는데 스승이 그 제자를 오라고 부르더니 제자의 멱살을 탁 잡고 "요놈아!" 하면서 **주장자(柱杖子)**[22]로 막 갈겨대

---

22. 주장자(柱杖子): 일반적으로 선사(禪師, 스님)들이 좌선할 때나 설법할 때 들고 다니는 지팡이를 말함. 행을 통해 흔들리지 않는 마음의 중심이 서게 되는 것을 뜻함. 마음공부 과정에서는 안팎에서 일어나는 모든 문제를 내면의 근본마음 한 곳에 맡겨 놓는, 참선수행을 통해 흔들리지 않는 마음의 중심이 서게 되는 것을 말함.

To go back to what I was saying, we are living a life of ceaseless flowing, so there's inherently nothing to let go of and nothing to cling on to. Imagine you met your child a moment ago, that moment is already gone. "Letting go" and "entrusting" are just words. There is actually nothing to cling to, so there is nothing to let go of. There is only flowing.

Long ago, a master said "You shouldn't dig a hole, and shouldn't not dig a hole. You shouldn't greet me, and you shouldn't not greet me. What do you think this means?" Another master said "When you enter, you will be struck 30 times, and when you leave, you will be struck 30 times. There is something essential giving you those blows. What is it?

There is one more story is like this: In the past, a disciple asked his master where the Buddha was. The master grabbed him by the collar, called him a bastard, and hit him hard with his staff. The disciple screamed "Ow! Ow!" Then the master asked "Who is the one screaming 'Ow'?"

더랍니다. 그래서 그 제자가 아프다고 "아이구! 아이구! 아이구!" 하면서 비명을 질러대니까 스승이 "요놈, 아이구! 아이구! 하는 그 놈은 누구냐?" 그랬대요.

이 이야기들을 가만히 생각해 보신다면, 우리가 참나인 내 주인공이 있음을 알고 지극하게 믿는다는 것이 얼마나 중요한 건지 알 수 있을 겁니다. 믿어야 놓을 수 있는 거거든요. 그리고 다 놓아야 참나를 보게 되는 거고, 그러면 놓을 것도 없다는 걸 알게 됩니다. 그래야 진정한 자유인이 되는 거구요.

그런데 믿지 못하면 놓질 못합니다. 도대체 남의 이름이나 형상은 잘도 믿으면서 왜 진정한 자기는 못 믿는 거죠? 못났든 잘났든 나를 있게 하는 건 바로 나인데 말입니다. 누가 대신 죽어줄 수 있습니까? 똥을 싸줄 수 있습니까? 자기를 끌고다니는 자기를 믿지 못하면 누구를 믿습니까? 그러니 수억겁년 동안 나를 진화시킨 내 주인공, 참나를 믿고 일체를 그냥 거기에 놓고 가세요.

생활하다 보면 많은 괴로운 일들이 닥치겠죠. 그러면 '아이, 이것도 거기서밖엔 해결 못 해' 하곤 그냥 탁 놔요.

If you think deeply about these stories, we can understand how important it is to know that your Juingong, true self exists and to have strong faith in it. When you have faith, then you can let go. When you let go of everything, you will find your true self. Then you will know that there is nothing to let go of. It is then that you become a truly free person.

When you don't have faith, you don't let go. People believe in others so easily, but why don't they believe in their true self? Whether you're at the top or the bottom, skilled or unskilled, it is your true self that is making it possible for you to exist and go forward. So start with yourself! Who else can take your place on your deathbed? Can anyone be sick instead of you? Can anyone sleep for you? Can anyone eat for you? Can anyone else go to the bathroom for you? Believe in your true self that has guided you over a billion eons, and entrust everything to it.

In your daily life, you are going to encounter a lot of difficulties. Just let those go, knowing that your true self is what can truly take care of them.

그저 놓는 일밖에는 없어요. 그리고 돌아가는 일들을 지켜보란 말입니다. 돌아가는 걸 지켜 보면서 경험을 얻고, 또 실험도 해 보는 겁니다. 그렇게 체험하면서 차츰차츰 진정한 나를 발견하게 되는 거예요. 그러면서 물리가 터지고 지혜를 얻게 되는 거지요. 어떡합니까, 힘들어도 이 방법밖에는 없어요.

그런데 모든 것이 둘 아니게 하나로 돌아가는 자리가 바로 이 근본마음인데 거기에 일체를 맡긴다면서 따로따로라고 보면 안되지요. 예를 들어, '기도한다' 하면 습관적으로 벌써 어떤 상대를 두고 내 바램을 말하게 되기 쉽기 때문에, 어느 결에 기도의 대상을 나와 둘로 보게 됩니다. '부처님한테 기도한다' 하면 사람들은 벌써 상대를 따로 두고 자기가 원하는 걸 말하고 있기 때문에 내가 아예 부처님한테 기도하란 소리를 안 해요.

내가 부처님의 존재를 무시해서 그러는 게 아닙니다. 여러분을 위해서예요. 전자에서부터 누적이 되었던 게 습이 돼서 '지장 보살!', '관세음 보살!' 하며 이름을 부를 때도 위에 올려 놓고 둘로 보고 이러니, 이 노릇을 어찌합니까?

Letting go is the only way to truly handle those. Let go and then observe what happens. Practicing like this, you'll have experiences, so be sure to experiment with trying to apply them. As you experience, you'll find your true self bit by bit. Bit by bit, you'll understand how things function and your wisdom will deepen. I know this isn't easy, but there's no other way.

Everything functions as one, as this fundamental mind, so when you entrust things to it, you shouldn't see what you're entrusting as separate things. For instance, when someone prays, they tend to automatically imagine a separate being outside of themselves that hears their wishes. Even with the Buddha, when people pray, then in asking for what they want, they see him as someone apart from themselves. This is why I no longer tell people to practice prayer.

I don't do this because I deny the existence of Buddha. I do it for your sake. People have worshipped "supreme beings" for life after life, and it's become such a deep habit that when they chant "Ksitigarbha" or "Avalokitesvara," they see them as utterly separate, superior beings. What a pity!

그래서 '부처님' 이름을 불러대지 말고 자기 주인공을 믿으라고 하는 겁니다. 참나인 내 주인공 안에 역대 부처님들이 다 있고 일체 중생들이 다 있습니다. 그러니 그 점을 생각하시고 진짜 내 주인공, 내 근본마음을 믿고 거기에 다 놓으십시오! 알았죠? 이왕지사 우리 삶 자체가 그냥 놓고 가는 거니깐요. 하하하.

[법문을 마치시길 권하는 스님에게]
가만 있어. 오늘 같이 좋은 날에 뭘 그래. 쇠털같이 날은 많은데 뭐….

모든 걸 놔 버린다면 하루 종일
잠만 자게 될 거 같은데요?

질문자 7(남) 저는 젊은 사람으로서 갖고 있는 고민들도 많지만 또 젊은 불자로서 갖는 고민들도 많습니다. 저는 젊은 사람들이 이 사회를 살면서

So don't call out to "Buddha." Instead, believe in your Juingong, your true self. All Buddhas and all unenlightened being are within Juingong, your true self. Think deeply about this, have faith in and entrust everything to your Juingong, your fundamental mind. Do you understand? As I said before, our natural state is letting go and moving forward!

[To her assistant, who suggests to Kun Sunim that it has been a long day and that she should rest now.]

How can you say that on such a wonderful day!

If I Let Go of Everything Won't I Just End Up Sleeping All Day?

Questioner 7 (male) As a young man and as a Buddhist, there are a lot of things I'm concerned about. I think it would be good for young people to follow teachings like the *Noble Eightfold Path* [30] as

---

30. Noble Eightfold Path(八正道)**:** Set forth by the Buddha, its components are correct view, correct thought, correct speech, correct action, correct livelihood, correct effort, correct mindfulness, and correct concentration. Living in accord with these will lead one to enlightenment and make it possible to free other beings as well.

팔정도(八正道)[23]라든지, 이러한 개념을 따라 올바른 방향으로 걸어가야 된다고 생각합니다. 그런데 이렇게 문제가 많은 사회 속에서 스님께서 무조건 놓으라고 말씀하신다면 우리 사회는 어떻게 될 것이며, 저는요… [대중 웃음]

큰스님 그래, 그래. 계속 말해요.

질문자 7 저는요, 일체를 놔 버린다면은 너무 허무해서 매일 잠만 잘 것 같은 그런 생각이 듭니다.

큰스님 하하하. 청년이 참 재미있는 질문을 했는데 부처님께서 가르치는 길은 그런 길이 아닙니다. 그거는 공(空)에 빠지는 거예요. 이 세상에 살면서 겪는 모든 일들을 내 근본마음에 다 놔서, 다시 말해 50%인 유(有)의 세계와 50%인 무(無)의 세계를 100이 되게 하나로 합쳐 삶의 진의를 알고 삶의 보람을 느끼면서 당당하게 살라는 건데 왜 잠만 자요?

---

23. 팔정도(八正道): 중생이 고통에서 벗어나 깨달음의 경지에 이르기 위해 실천 수행해야 하는 여덟 가지의 올바른 방법으로써, 바르게 보는 것(正見), 바르게 생각하는 것(正思惟), 바른 말을 쓰는 것(正語), 바르게 행동하는 것(正業), 올바른 생활을 하는 것(正命), 제대로 된 노력을 하는 것(正精進), 올바르게 마음에 새겨놓는 것(正念), 정신을 맑게 하고 하나로 잘 모으는 것(正定)을 뜻함.

they find their way forward in the world, but you told us to unconditionally let go of everything. But the world has many problems, so I'm wondering….

Kun Sunim Go on.

Questioner 7 It seems like if I release everything, I'll just space out and sleep all day long.

Kun Sunim [Laughs.] You asked an interesting question but what you are thinking of is not what the Buddha taught us. What you are talking about is called "falling into emptiness." What I'm saying is that when you entrust whatever you're experiencing to your foundation, you combine the 50% of the unseen world with the 50% of the visible world, and in so doing you can go forward feeling the true meaning and worth of life. If you could live like this, why would you want to spend your time sleeping?! Even if you work

놓으라는 거는 공에 빠지라는 게 아니에요. 회사에서 24시간 일을 했어도 그 일한 것들은 머물지 않습니다. 청년이 지금까지 걸어온 발자취를 나한테 그대로 내놓을 수 있습니까? 여지껏 움죽거리고 걸어왔죠?

질문자 7 네. 그런데 스님께 보여줄 순 없겠지만 그것은 제 기억 속에 남아 있기 때문에 제 마음속에 항상 떠오르지 않습니까?

큰스님 아이구! 그러니까 일체 만법이 그 마음속에 있디 이 소리죠. 누가 뛰질 말래나, 돈을 벌질 말래나, 아니, 사회 생활을 하지 말래나, 사랑을 하지 말래나, 아, 누가 아무것도 하지 말라고 했습니까? 모든 건 그냥 찰나찰나에 놓고 가는 거다 이런 말입니다. 이해됐나요? 고정된 게 없이 흘러갈 뿐이니 잡고 있을 게 없다는 겁니다. 고정되어 있는 게 하나도 없어요. 모든 게 그렇습니다. 보는 것도 듣는 것도 만나는 것도 전부 다요. 나도 상대도 고정됨이 없어요.

twenty-four hours a day achieving things, none of that remains as a fixed, stationary thing. What about the steps you've taken walking here? Are those something you can go find and grasp onto?

Questioner 7 I can't show them to you, but I can remember them, so that experience still exists within me, doesn't it?

Kun Sunim Of course! And all of that exists through the functioning of mind. I haven't told you not to hustle, not to earn money, not to have a social life, not to love, to do nothing. My point is that you should let go of things every instant. Do you understand? Everything is ceaselessly flowing without any fixed form, so there is nothing to hold onto. There's no stationary aspect to grab onto. Everything is like this. Everything you see, hear, encounter, yourself, myself, everything.

질문자 7 하지만 마음속으로라든지 아니면 책 속에서 볼 때는 분명히 사회라든지 이 우주가 이루어져 있는 어떤 식이 있는데요….

큰스님 이것 봐요, 이유는 불문에 붙이세요. 내 근본마음을 알아 돌아가는 이치를 탐구하여 깨닫고자 하는 사람들은 자신의 마음을 깊이 관찰하고 스스로 깊이 생각해야지 그렇게 선입견과 남의 이론을 가지고 일삼는 건 필요 없어요. 그러니까…

질문자 7 스님께서도 무조건 맹신은 오히려 위험하다고 말씀하셨습니다. 저 같은 사람들은 모든 의심을 타파하지 않고 무조건 믿기가 힘듭니다. 어떻게 그렇게 해 나갈 수 있겠습니까?

큰스님 남을 믿으라는 게 아니라 자기 자신을 믿으라는 거예요. 왜 자기가 자기를 못 믿습니까? 자기가 지금 쭉 걸어왔죠?

질문자 7 예.

Questioner 7 There are some books and people who say that the world has certain rules….

Kun Sunim Look, don't get lost in theories. If you want to understand and explore how your fundamental mind works, you have to deeply observe and reflect upon it. These are things you have to experience for yourself. Other people's theories won't help you a bit.

Questioner 7 But you said that blind faith is rather dangerous. It is very difficult for me to believe what you said unconditionally. How can I do that?

Kun Sunim I'm saying that you should believe in yourself, not in others. Why don't you believe in yourself? You're the one who walked over here, right?

Questioner 7 Yes.

큰스님 걸어왔는데 자기가 걸어왔다는 그 자체를 못 믿겠다는 건가요?

질문자 7 걸어온 건 사실입니다마는.

큰스님 그것처럼 일체가 지금 다 그렇게 살아나가는 것도 사실이죠?

질문자 7 예.

큰스님 마음은 체가 없으니 보여줄 순 없지만 그게 사실이라는 걸 마음으론 알고 있잖아요.

질문자 7 네.

큰스님 그러니까 그런 마음을 내는 그 이전의 마음, 즉 근본마음, 참나를 발견하라는 소리예요. 그러기 위해서는 이유를 불문하고 일단 근본마음이 있음을 믿으라는 겁니다. 내 주인공, 근본마음이 있음을 믿고 거기에 모든 걸 놓고 가다 보면 보이지 않았던 내 근본마음을 확연히 보게 됩니다.

Kun Sunim Can you believe the fact that you walked over here?

Questioner 7 It is true that I walked over here, but...

Kun Sunim Further, can you see that everything else in the world is likewise the functioning of mind?

Questioner 7 Yes.

Kun Sunim Mind has no form so there's nothing to show others, but you know that it's causing everything to happen, right?

Questioner 7 Yes.

Kun Sunim So what I'm telling you to do is find the fundamental mind that underlies all of that. To do this, start by believing in the existence of your fundamental mind. Set aside any doubts, trust that your fundamental mind is what's truly taking care of you, and entrust it with whatever comes up. As you keep entrusting like this, then

내가 밥을 먹으면 똥을 누는데 그런 생각도 없이 저절로 똥을 누게 되잖아요? 배가 고프면 밥을 먹고, 먹었으면 화장실에 가서 똥을 눈다 이겁니다. 이것은 어디까지나 자연스레 진행되는 진리이면서 과학이 아닌가요?

질문자 7 그럼 본능적으로만 생활해야 된다는 말씀이십니까?

큰스님 아이고, 그런 얘기가 아니죠. 무슨 뜻인지 깊이 생각해 보지도 않고 그런 식으로 따지게 되면 이 공부하기는 틀렸어요. 우선 자꾸 남한테 물으려고 하지 말고 무조건 자기 근본마음에 모든 것을 맡겨 놔 보세요.

지금 자기 뱃속에도 수십억 마리의 생명체들이 들어 있고 신체 각 부위의 공장에서 지금 일들을 하고 있습니다. 모두가 근본마음을 통해 하나가 돼서 한마음으로 일하고 있는 거예요. 그게 '나'이기도 합니다. 그러니까 내 근본마음에 모든 걸 맡겨 놓으세요. 그래야 몸도 건강하게 끌고 나갈 테니까요.

what was unseen will become clear, and you will clearly see your fundamental mind.

If you're hungry, you eat something. Later if you feel pressure inside, you go sit on the toilet, and then something comes out. Things will progress naturally like this.

Questioner 7 Are you saying that I should live following only my impulses?

Kun Sunim Oh, of course not! Listen, if you just react without reflecting on what was being said, then you won't see any progress in your spiritual cultivation. First of all, without looking to other people for answers, entrust unconditionally everything to your fundamental mind.

There are billions of lives functioning within you, making up every part of your body. All of them are connected as one through this fundamental mind and work together. They are also "you." So entrust everything to your fundamental mind, and this will cause your body to be healthy as well.

질문자 7 무조건요?

큰스님 네, 무조건이요.

질문자 7 나라 생각이라든지, 가정 생각, 자기 주위에 있는 모든 것들을, 일체 걱정을…

큰스님 보이지 않는 자기 주인공에 모든 걸 믿고 놓게 되면은 스스로 자연스레 일을 처리하게 돼요.
 일체는 근본마음을 통해 서로 직결돼 있기 때문에 모든 일들을 거기에 놓으면 무전통신 되듯이 전부 통신이 돼요. 예를 들어, 몸에서는 대뇌, 소뇌, 척수, 중추, **사대(四大)**[24]로 전부 통신이 돼서 모두 이끌고 갑니다. 이렇듯 나도 전체와 근본을 통해 연결돼 있기 때문에 나를 알면 전체와 통신이 되는 거예요. 그러니 이유를 붙이지 말고 좀 해봐요! 네?

---

24. 사대(四大): 불교에서는 사람의 몸이 지·수·화·풍이라는 네 가지 물질적 요소로 성립되었다 보고 있으므로, 여기에서 사대란 곧, 인간의 신체를 일컬음.

Questioner 7 Unconditionally?

Kun Sunim Yes, unconditionally.

Questioner 7 All the thoughts about my country, my family, everything around me…

Kun Sunim When you entrust everything to your unseen Juingong, your fundamental mind, then things will naturally move in a direction that's harmonious with the whole.

Everything is connected through your fundamental mind. So when you let go of something to it, what you've entrusted is evaluated and communicated to everything. It's like how all the parts of your body communicate together through the brain and spinal cord. Likewise, you are connected to everything through your fundamental mind. Because of this, when you know your true self, you are communicating with everything. So don't cling to reasons or theories. Just try it, okay?

그러면 또 질문할 사람 계십니까? 질문이 더 있더라도 시간이 오래 지체됐으니 오늘은 이만 마치도록 하지요. 자리가 없어서 계속 서 계시는 분들은 다리가 많이 아프실 겁니다. 그런데 이 말 한 마디는 하고 싶네요.

"모든 것을 버려라, 놓아라. 얻을 바가 하나도 없다. 그런데 그 난중에 버릴 바가 하나도 없구나!" 이 양면의 말 속에 무언가가 있을 겁니다. 뜻을 아는 어떤 사람은 주장자로 탁 치고, 어떤 사람은 손가락을 들고, 어떤 사람은 주먹을 불쑥 내밀고, 어떤 사람은 "엇!" 하며 큰소리를 냅니다, 그렇게 하게 하는 그 소식이, 그 뜻이 거기에 있다 이겁니다. 그게 뭔지 여러분이 한번 잘 생각해 보십시오.

오늘은 이걸로 마치고, 요 다음에 만날 때 다시 질문하기로 하면서 우리 이 자리를 즐겁게 메꿉시다. 그럼 감사합니다.

Are there any more questions? No? We've been here for a long time, so let's call it a day. A lot of you have been standing the entire time, so your legs probably hurt as well. Before we finish, I would like to repeat one thing:

"Throw away everything. Let go and discover that there is nothing to attain. In fact, although you struggle with that, there is nothing to abandon!" In this apparent conflict, there is something extraordinary. People who perceived it would thump the floor with a staff, or hold up one finger, or hold out their fist, and still others would shout out. There is a deep meaning that causes them to act like this. Think deeply about what this might be.

Let's wrap it up for today. Let's take questions next time as well. This has been a wonderful day! Thank you!

한마음출판사의 마음을 밝혀 주는 도서

- A Thousand Hands of Compassion
  만가지 꽃이 피고 만가지 열매 익어
  : 대행큰스님의 뜻으로 푼 천수경 (한글/영어)
  [*2010 iF Communication Design Award* 수상]
- Wake Up And Laugh (영어)
- No River To Cross, No Raft To Find (영어)
- Like Lions Learning to Roar (영어)
- Standing Again (영어)
- Sharing The Same Heart (영어)
- Touching The Earth (영어)
- One Mind: Principles (영어)
- It's Hard To Say (영어) (절판)
- My Heart Is A Golden Buddha (영어, 오디오북)
- 생활 속의 참선수행 (시리즈) (한글/영어)

  1. 죽어야 나를 보리라
     (To Discover Your True Self, "I" Must Die)
  2. 함이 없이 하는 도리 (Walking Without A Trace)
  3. 맡겨놓고 지켜봐라 (Let Go And Observe)
  4. 마음은 보이지 않는 행복의 창고
     (Mind, Treasure House Of Happiness)
  5. 일체를 용광로에 넣어라
     (The Furnace Within Yourself)
  6. 온 우주를 살리는 마음의 불씨
     (The Spark That Can Save The Universe)
  7. 한마음의 위력
     (The Infinite Power Of One Mind)

8. 일체를 움직이는 그 자리 (In The Heart Of A Moment)
9. 한마음 한뜻이 되어 (One With The Universe)
10. 지구보존 (Protecting The Earth)
11. 진짜 통하게 되면 (Inherent Connections)
12. 잘 돼야 돼! (Finding A Way Forward)
13. 믿는 만큼 行한 만큼 (Faith In Action)
14. 병을 고치는 최고의 방법
   (The Healing Power Of Our Inner Light)
15. 내 안에 의사가 있다구요?! (The Doctor Is In)
16. 마음: 최고의 연금술 (Turning Dirt Into Gold)
17. 소용돌이 속에서 춤을 (Dancing on the Whirlwind)

- 내 마음은 금부처 (한글 - CD 포함)
- 건널 강이 어디 있으랴 (한글)
- 처음 시작하는 마음공부1 (한글)
- Grundlagen (독일어)
- El Camino Interior (스페인어)
- Vida De La Maestra Seon Daehaeng (스페인어)
- Enseñanzas De La Maestra Daehaeng (스페인어)
- Si Te Lo Propones, No Hay Imposibles (스페인어)
- 人生不是苦海 (번체자 중국어) (개정판)
- 无河可渡 (간체자 중국어)
- 我心是金佛 (간체자 중국어) (개정판)

해외출판사에서 출판된 한마음도서

- Wake Up And Laugh
  Wisdom Publications, 미국

- No River To Cross
  (*No River To Cross, No Raft To Find* 영어판)
  Wisdom Publications, 미국

- Wie Fließendes Wasser
  (*My Heart Is A Golden Buddha* 독일어판)
  Goldmann Arkana-Random House, 독일

- Wie Fließendes Wasser - CD
  (*My Heart Is A Golden Buddha* 독일어판 오디오북)
  steinbach sprechende bücher

- Ningún Río Que Cruzar
  (*No River To Cross* 스페인어판)
  Kailas Editorial, S.L., 스페인

- Umarmt Von Mitgefühl
  ('만가지 꽃이 피고 만가지 열매 익어':
  대행큰스님의 뜻으로 푼 천수경 독일어판)
  Diederichs-Random House, 독일

- 我心是金佛
  (*My Heart Is A Golden Buddha* 번체자 중국어판)
  橡樹林文化出版, 대만

- Vertraue Und Lass Alles Los
  (*No River To Cross* 독일어판)
  Goldmann Arkana-Random House, 독일

- Wache Auf Und Lache
  (*Wake Up And Laugh* 독일어판)
  Theseus, 독일

- Дзэн И Просветление
  (*No River To Cross* 러시아어판)
  Amrita-Rus, 러시아

- Sup Cacing Tanah
  (*My Heart Is A Golden Buddha* 인도네시아어판)
  PT Gramedia, 인도네시아

- Không có sông nào để vượt qua
  (*No River To Cross* 베트남어판)
  Vien Chieu, 베트남

- Probuď se!
  (*Wake Up And Laugh* 체코어판)
  (Eugenika, 체코)

- tỉnh thức và cưới
  (*Wake Up And Laugh* 베트남어판)
  Vien Chieu, 베트남

- Chạm mặt đất
  (*My Heart Is A Golden Buddha,* 베트남어판)
  Vien Chieu, 베트남

Other Books by Seon Master Daehaeng

English
- Wake Up And Laugh (Wisdom Publications)
- No River To Cross (Wisdom Publications)
- My Heart Is A Golden Buddha (Hanmaum Publications)
    Also available as an audiobook
- Like Lions Learning to Roar (Hanmaum Publications)
- Standing Again (Hanmaum Publications)
- Sharing the Same Heart (Hanmaum Publications)
- Touching The Earth (Hanmaum Publications)
- A Thousand Hands of Compassion
    (Hanmaum Publications) [Korean/English]
- One Mind: Principles (Hanmaum Publications)
    All of these are available in paper or ebook formats

- Practice in Daily Life

(Korean/English bilingual series)
1. To Discover Your True Self, "I" Must Die
2. Walking Without A Trace
3. Let Go And Observe
4. Mind, Treasure House Of Happiness
5. The Furnace Within Yourself
6. The Spark That Can Save The Universe
7. The Infinite Power Of One Mind
8. In The Heart of A Moment
9. One With The Universe
10. Protecting The Earth
11. Inherent Connections
12. Finding A Way Forward
13. Faith In Action
14. The Healing Power of Our Inner Light
15. The Doctor Is In
16. Turning Dirt Into Gold
17. Dancing on the Whirlwind

(continued on the next page)

Korean
- 건널 강이 어디 있으랴 (Hanmaum Publications)
- 내 마음은 금부처 (Hanmaum Publications)
- 처음 시작하는 마음공부1 (Hanmaum Publications)

Russian
- Дзэн И Просветление (Amrita-Rus)

German
- Wache Auf und Lache (Theseus)
- Umarmt von Mitgefühl (Deutsch·Koreanisch, Diederichs)
- Wie fließendes Wasser (Goldmann)
- Wie fließendes Wasser - CD (steinbach sprechende bücher)
- Vertraue und lass alles los (Goldmann)
- Grundlagen (Hanmaum Publications)

Czech
- Probuď se! (Eugenika)

Spanish
- Ningún Río Que Cruzar (Kailas Editorial)
- Si Te Lo Propones, No Hay Imposibles (Hanmaum Publications)

- El Camino Interior (Hanmaum Publications)
- Vida De La Maestra Seon Daehaeng
  (Hanmaum Publications)
- Enseñanzas De La Maestra Daehaeng
  (Hanmaum Publications)

Indonesian
- Sup Cacing Tanah (PT Gramedia)

Vietnamese
- Không có sông nào để vượt qua
  (Hanmaum Publications; Vien Chieu, Vietnam)
- tỉnh thức và cưới
  (Hanmaum Publications; Vien Chieu, Vietnam)
- Chạm mặt dất
  (Hanmaum Publications; Vien Chieu, Vietnam)

Chinese
- 我心是金佛（简体字）(Hanmaum Publications, 韩国)
- 无河可渡（简体字）(Hanmaum Publications, 韩国)
- 人生不是苦海（繁体字）(Hanmaum Publications, 韩国)
- 我心是金佛（繁体字）(橡树林文化出版, 台湾)

한마음선원본원

경기도 안양시 만안구 경수대로 1282 (석수동, 한마음선원)
(우) 13908
Tel : 82-31-470-3100   Fax : 82-31-470-3116
홈페이지 : http://www.hanmaum.org
이메일 : jongmuso@hanmaum.org

국내지원

강릉지원 (우)25565 강원도 강릉시 하평5길 29 (포남동)
   TEL:(033) 651-3003   FAX:(033) 652-0281

공주지원 (우)32522 충청남도 공주시 사곡면 위안양골길 157-61
   TEL:(041) 852-9100   FAX:(041) 852-9105

광명선원 (우)27638 충청북도 음성군 금왕읍 대금로 1402
   TEL:(043) 877-5000   FAX:(043) 877-2900

광주지원 (우)61965 광주광역시 서구 운천로 204번길 23-1 (치평동)
   TEL:(062) 373-8801   FAX:(062) 373-0174

대구지원 (우)42152 대구광역시 수성구 수성로 41길 76 (중동)
   TEL:(053) 767-3100   FAX:(053) 765-1600

목포지원 (우)58696 전라남도 목포시 백년대로 266번길 31-1 (상동)
   TEL:(061) 284-1771   FAX:(061) 284-1770

문경지원 (우)36937 경상북도 문경시 산양면 봉서1길 10
   TEL:(054) 555-8871   FAX:(054) 556-1989

부산지원 (우)49113 부산광역시 영도구 함지로 79번길 23-26 (동삼동)
   TEL:(051) 403-7077   FAX:(051) 403-1077

울산지원 (우)44200 울산광역시 북구 달래골길 26-12 (천곡동)
   TEL:(052) 295-2335   FAX:(052) 295-2336

제주지원 (우)63308 제주특별자치도 제주시 황사평6길 176-1 (영평동)
TEL:(064) 727-3100   FAX:(064) 727-0302

중부경남 (우)50871 경상남도 김해시 진영읍 하계로35
TEL:(055) 345-9900   FAX:(055) 346-2179

진주지원 (우)52602 경상남도 진주시 미천면 오방로 528-40
TEL:(055) 746-8163   FAX:(055) 746-7825

청주지원 (우)28540 충청북도 청주시 청원구 교서로 109
TEL:(043) 259-5599   FAX:(043) 255-5599

통영지원 (우)53021 경상남도 통영시 광도면 조암길 45-230
TEL:(055) 643-0643   FAX:(055) 643-0642

포항지원 (우)37635 경상북도 포항시 북구 우창로 59 (우현동)
TEL:(054) 232-3163   FAX:(054) 241-3503

Anyang Headquarters of Hanmaum Seonwon

1282 Gyeongsu-daero, Manan-gu, Anyang-si,
Gyeonggi-do, 13908, Republic of Korea
Tel: (82-31) 470-3175 / Fax: (82-31) 470-3209
www.hanmaum.org/eng
onemind@hanmaum.org

Overseas Branches of Hanmaum Seonwon

ARGENTINA
Buenos Aires
Miró 1575, CABA, C1406CVE, Rep. Argentina
Tel: (54-11) 4921-9286 / Fax: (54-11) 4921-9286
http://hanmaumbsas.org

Tucumán
Av. Aconquija 5250, El Corte, Yerba Buena,
Tucumán, T4107CHN, Rep. Argentina
Tel: (54-381) 408-2894
www.hanmaumtuc.org

CANADA
Toronto
20 Mobile Dr., North York, Ontario M4A 1H9, Canada
Tel: (1-416) 750-7943
www.hanmaum.org/toronto

GERMANY
Kaarst
Broicherdorf Str. 102, 41564 Kaarst, Germany
Tel: (49-2131) 969551 / Fax: (49-2131) 969552
www.hanmaum-zen.de

THAILAND
Bangkok
86/1 Soi 4 Ekamai Sukhumvit 63, Phra Khanong Nuea
Wattana Bangkok, 10110 Korean Temple, Thailand
Tel: (66) 61-413-7000
www.hanmaum.org/cafe/thaihanmaum

USA
Chicago
854 Riverwoods Rd. Mettawa, IL 60045, USA
Tel: (1-224) 632-0959
www.hanmaum.org/chicago

Los Angeles
1905 S. Victoria Ave., L.A., CA 90016, USA
Tel: (1-323) 766-1316
www.hanmaum.org/la

New York
144-39, 32 Ave., Flushing, NY 11354, USA
Tel: (1-718) 460-2019 / Fax: (1-718) 939-3974
www.juingong.org

Washington D.C.
7807 Trammel Rd., Annandale, VA 22003, USA
Tel: (1-703) 560-5166
www.hanmaum.org/wa

BRASIL
São Paulo
R. Newton Prado 540, Bom Retiro
Sao Paulo, CEP 01127-000, Brasil
Tel: (55-11) 3337-5291
www.hanmaumbr.org

책에 관한 문의나 주문을 하실 분들은
아래의 연락처로 문의해 주십시오.

한마음국제문화원/한마음출판사
경기도 안양시 만안구 경수대로 1282 (우)13908
전화: (82-31) 470-3175
팩스: (82-31) 470-3209
e-mail: onemind@hanmaum.org
hanmaumbooks.org

If you would like more information about these books
or would like to order copies of them,
please call or write to:

Hanmaum International Culture Institute
Hanmaum Publications
1282 Gyeongsu-daero, Manan-gu, Anyang-si,
Gyeonggi-do, 13908,
Republic of Korea
Tel: (82-31) 470-3175
Fax: (82-31) 470-3209
e-mail: onemind@hanmaum.org
hanmaumbooks.org